HEYNE <

Über die Autorin

Lara Fritzsche, geboren 1984, absolvierte nach dem Abitur ein Volontariat beim *Kölner Stadt-Anzeiger* und arbeitete anschließend dort als Redakteurin im Ressort Bildung. Nebenher studierte sie Germanistik und Psychologie in Bonn und schrieb als freie Journalistin u. a. für *DIE ZEIT*, *NEON*, *Neue Zürcher Zeitung*, *emotion*, *GEO*, *Süddeutsche Zeitung* und *Spiegel Online*. Für ihre Arbeit wurde sie mit zahlreichen Preisen ausgezeichnet, u. a. dem Theodor-Wolff-Preis, dem Axel-Springer-Preis und dem Emma-Journalistinnen-Preis. Seit September 2009 arbeitet Fritzsche als Redakteurin bei der Zeitschrift *NEON*.

Lara Fritzsche

Das Leben ist kein Ponyhof

Die Welt der Abiturienten

WILHELM HEYNE VERLAG
MÜNCHEN

FSC
www.fsc.org
MIX
Papier aus verantwortungsvollen Quellen
FSC® C014496

Verlagsgruppe Random House FSC-DEU-0100
Das für dieses Buch verwendete
FSC®-zertifizierte Papier *Holmen Book Cream*
liefert Holmen Paper, Hallstavik, Schweden.

Taschenbuchausgabe 12/2011

www.heyne.de
Printed in Germany 2011
Umschlaggestaltung und -illustrationen:
Nele Schütz Design, München
Satz: C. Schaber Datentechnik, Wels
Druck und Bindung: GGP Media GmbH, Pößneck

ISBN: 978-3-453-60131-4

Inhalt

Einleitung 8

Große Bühne 11
Momentaufnahme Abiball

WINTER

1 **Alles, was zählt** 29
Lernen

2 **Die unbekannte Welt der Abiturienten** 38
Leben im Internet

FRÜHLING

3 **Auf dem Sonnendeck** 53
Teil einer Jugendbewegung

4 **Bereit zum Abschuss** 65
Ein Grund zum Feiern

5 **Nullstelle verzweifelt gesucht** 81
Die allerletzte Mathestunde vor dem Abitur

6 **Das erste Mal im Heu** 92
Pornosex

7 **»Bitte nicht stören! Abitur!«** 104
Der Tag X

SOMMER

8 **Geile Zeit** 115
»Ihr habt es euch verdient«: die Abifahrt

9 **Hot or not?** 125
Projekt Traumkörper

10 **Berufe raten** 132
Häufig gestellte Fragen

11 **Drang zum Sturm** 144
Weltverbesserer im Alltag

12 **Baller, Mann** 155
Waffen & Gewalt

13 **Liebe ist alles** 163
Beziehungsstatus: auf der Suche

HERBST

14 **Eigenheim** 177
Umzug in ein neues Leben

15 **Punkt für Punkt** 189
Uni für Anfänger

16 **Mädchen für alles** 201
Der unsichtbare Unterschied

17 **Freunde fürs Leben** 209
Weihnachten zu Hause

18 **Wiedersehen** 217
»Auf ein Neues!«

Einleitung

Das Leben ist kein Ponyhof.

60 237 Mitglieder

Von Jugendlichen ist immer dann die Rede, wenn Einzelne unter ihnen für herausragende Leistungen geehrt werden, wenn sie bei »Jugend forscht« gewinnen oder einen Schülerzeitungswettbewerb, wenn sie siebzehnjährig das beste Abitur Deutschlands ablegen und parallel schon mit dem Bachelor beginnen. Oder dann, wenn Einzelne in der Fußgängerzone pöbeln, sich ins Koma saufen oder im Internet scheinbar naiv eine Fülle von persönlichen Daten veröffentlichen. Jugend offenbart sich weder in Spitzenleistungen noch in Aussetzern – aber nur diese präsentieren uns die Medien üblicherweise, in Dreiminutenspots im Privatfernsehen oder Meldungen in der Tageszeitung. Nur in diesen zwei Extremen bekommt man dort eine ganze Generation vorgeführt. So oder so. Schwarz oder weiß.

Aber was wissen wir eigentlich über das ganz normale Leben all der Hunderttausenden, die jedes Jahr ins Leben starten? Was wissen wir über ihre Zukunftspläne und ihre Befürchtungen? Und was tun sie an all den Tagen, an denen sie nicht gerade Auszeichnungen entgegennehmen oder betrunken in ein Malteser-Zelt geschleppt werden?

Das Abitur ist eine besonders klare Wegmarke; es steht deshalb im Zentrum dieses Buchs. Wer seine Schullaufbahn mit diesem Abschluss verlässt, steht mehr als andere Gleichaltrige vor einer Fülle an Möglichkeiten. Kaum etwas muss von vornherein ausgeschlossen werden, alles geht. Eine spannende Situation, in die immer mehr junge Menschen kommen: 2008 lag die Quote der Studienberechtigten – also der Anteil an den Gleichaltrigen – bei 45,1 Prozent. Sie sind der privilegierte Teil eines Jahrgangs. Wer nicht Abitur macht, gehört für sie zu einer Parallelwelt. Auch darum soll es gehen in diesem Buch.

Was wird im Abitur eigentlich heute verlangt? Wie gehen die Jugendlichen heute mit Leistungsdruck um? Denken sie politisch? Wieso nervt sie die feuilletonistische Forderung nach Rebellion und Auflehnung so sehr? Wie suchen sie nach einem Job, wie nach einem Partner, und wieso schwingt immer ein Hauch von Auswahlgespräch mit, wenn sie sich unterhalten? Nutzen sie das Internet zur Identitätsbildung oder zur Eigenwerbung? Warum ist ihnen ihr Profilfoto im Internet so wichtig? Und wieso macht sie das alles zur Generation Casting?

Ein Jahr lang habe ich eine Kölner Abiturklasse begleitet, beim Feiern, beim Lernen, beim Bewerbungsgespräch, beim Auszug von zu Hause und bei ihrem ersten Tag in der Uni. Angefangen bei einer Silvesterfeier, als das große Projekt Abitur noch vor ihnen liegt, bis zum nächsten Silvester, als sie wieder zusammentreffen und Bilanz ziehen. Sie haben mir in persönlichen Gesprächen und Telefonaten, mit Mails und SMS geholfen, die Zahlen der Jugendstudien mit Leben zu füllen. Ihnen sei gedankt.

Das Leben ist kein Ponyhof – ein Satz, den die Jugendlichen, die ich begleitet habe, immer verwenden. Er passt zum Lebensgefühl der Abiturienten von heute; nicht ohne Grund haben sich bereits 60 442 Mitglieder des sozialen Netzwerks StudiVZ einer Gruppe mit diesem Namen angeschlossen. Er sagt aus, wie Jugendliche heute denken. Sie wissen, dass es nicht leichter wird, aber es ist auch nicht so schlimm, dass man nicht einen lässigen Spruch drüber machen könnte.

Große Bühne

Momentaufnahme Abiball

Erwachsen werden?
Ich mach ja viel Scheiß mit, aber nicht jeden!

122 981 Mitglieder

Ein steinerner Torbogen, flankiert von blühenden Rosensträuchern im Hintergrund, ein dunkelroter Teppich auf dem Boden und ein Abiturient in der Mitte. Das ist das Motiv. Eltern, Großeltern und Geschwister werden dann farblich passend drum herum drapiert. Ein Fotograf schießt das Foto fürs Familienalbum. Alles kann, nichts muss – ein beflügelndes Gefühl, das die Abiturienten an diesem Abend im Juni teilen. Ob man die Zulassung für seinen Studiengang bekommt, ein Vorstellungsgespräch oder das Stipendium – das ist heute egal. Heute sind sie erst mal Helden. Helden mit Abitur.

Alle Gäste des Abiballs durchlaufen diesen Augenblick im Blitzlicht. Als Nächstes ist Tims Familie dran. Der 20-Jährige hat fürs Foto sein Smokinghemd aufgeknöpft und präsentiert den Aufdruck seines T-Shirts. »Wir haben fertig« steht da. Ein paar Jungs in der Schlange klatschen. »Geile Aktion«, brüllt

Max von hinten. Fertig mit der Schule, fertig mit dem Leben in einer vorherbestimmten Bahn. Ab sofort können sie alles werden, was sie wollen: Bartender auf Ibiza, Jurastudentin in Passau, Musiker auf MySpace, Kochazubi in Köln, irgendwas in Berlin oder Entwicklungshelfer in Indien. Auf dem ersten Foto als Abiturient sind sie vor allem erst einmal eines: gut gekleidet und gut nervös. Es ist, als würden sich allerlei Gefühle im Körper miteinander vermengen: der Stolz über das bestandene Abitur, die Sorge, den Kontakt zueinander zu verlieren, die Freude über die Freiheit und die Angst, noch nicht reif zu sein, selbst zu entscheiden. Die Mischung ist undefinierbar, auf jeden Fall verursacht sie feuchte Hände und Schwindel im Kopf.

Alexa, Dani und Sophia stehen in einer Ecke neben dem Teppich zusammen, rauchen Marlboros und schlucken Baldrianpillen. »Ich brauche das jetzt, sonst stehe ich das heute nicht durch«, sagt Alexa. Schon während der Klausurphase hat sie ständig diese roten Drops gefuttert – zum Amüsement der Freundinnen. Heute nehmen die beiden auch eine. Unter ihren gepuderten Wangen glühen sie. »Ist echt ein krasser Tag«, meint Dani. Was es ist, kann sie gar nicht so recht beschreiben. »Es wird halt jetzt alles anders«, sagt sie. Es klingt wehmütig.

Alles auf Anfang! Das gilt nicht nur für diese Stufe, die heute hier ihren Abiturball feiert. Fast die Hälfte ihrer Altersgenossen teilt ihren Gemütszustand. Irgendwo in Deutschland durchleben 441 700 andere junge Menschen gerade die gleiche Situation. Sie haben die Hochschulreife erreicht und stehen jetzt vor dem Rest ihres Lebens. Monate der Neuordnung, der Selbstfindung liegen vor ihnen. Monate der Disziplin und Selbstkasteiung liegen hinter ihnen. Sie haben Vorabitursklausuren geschrieben, dann im April die entscheidenden Arbeiten in ihren gewählten Fächern, Anfang Mai folgte noch die mündliche Prüfung. Monatelang hatten sie nur noch eins vor Augen: eine möglichst gute Abinote. Der Notendurchschnitt aller Abiturienten in Deutschland lag zuletzt bei etwa 2,5. Diese Stufe hat den Schnitt deutlich getoppt. Darauf sind sie stolz.

Wehmütig blicken die Eltern in die Kamera. Michaels Eltern und Großeltern wissen schon, dass ihr jüngster Sohn und Enkel zum Bund gehen wird. Da stehen sie nun auf dem Teppich und halten ihn fest in den Armen. Es ist vielleicht das letzte Familienfoto vor Weihnachten, das da gerade entsteht. Es bleibt keine Zeit, dem Gedanken nachzuhängen, die Nächsten wollen vor die Linse. Der rote Teppich führt in den beleuchteten Innenhof, durch eine Flügeltüre geht es hinein, dann eine pompöse Treppe hinauf in den Festsaal. Mehrere Dutzend identische Tische stehen hier bereit: symmetrisch angeordnet wie Tanzpaare auf dem glänzenden Parkett. Sie sind mit einer weißen Tischdecke bedeckt, darauf ein Blumengesteck aus Calla-Lilien und Bambus in einer gläsernen Vase. Michaels Familie sitzt an Tisch C mit toller Sicht auf die Bühne. Ein wichtiges Detail, denn der Sitzplatz ist heute Statussymbol: Wer dazugehört, sitzt vorne. Und dazugehören, das war immer Michaels Ziel, seit nach dem zehnten Jahrgang der Klassenverband aufgelöst wurde. Aus drei kleinen Gruppen entstand eine Stufe – die Chance für einen Aufstieg.

Für Michael ist heute der Tag der doppelten Bilanz. Er bekommt sein Abiturzeugnis und er darf sich als Teil der beliebtesten Clique präsentieren. Michael hat es geschafft. Dass er nicht unbedingt der große Schwarm eines großstädtischen Gymnasiums werden würde, das war ihm schon klar, so realistisch war er allemal. Dafür ist er vielleicht einen Kopf zu klein, nicht breit genug gebaut und in letzter Konsequenz ein bisschen zu bodenständig. Das letzte bisschen Narzissmus, das einen netten Typ von einem coolen unterscheidet – das fehlt ihm. Seine Aura ist eher solide als geheimnisvoll. Sein Gesicht ist schmal, aber am Kinn ist er noch als der pausbäckige Jugendliche zu erkennen, der er noch vor zwei Jahren war. Seine aschblonden Haare sind nur wenige Zentimeter lang, mit Gel stachelt er sie auf. Das streckt, findet er. Seine Nase ist mädchenhaft rundlich und verleiht ihm zusammen mit seinem ansteckenden Grinsen etwas sehr Nahbares. Und obwohl er selbst sich wünscht, dass dieses Weiche in seinem Gesicht sich lieber heute als morgen auswächst, merkt er doch, dass ihm diese Harmlosigkeit auch Sympathien beschert. Nicht unwichtig für Michael. Seit er an Debattierwettbewerben teilgenommen hat, hat er seine Leidenschaft fürs Überzeugen entdeckt. Fürs Begeistern durch Sprechen. Für die erste Reihe – in einer Erwachsenenwelt.

Heute gibt er eine Kostprobe seines Könnens. Jana und er führen gemeinsam durch den Abend. Einzelne Schüler kommen stellvertretend für ihren Kurs nach oben auf die Bühne und verteilen Blumen und nette Worte an ihre Lehrer: »Wir danken Ihnen dafür, dass Sie alles versucht haben, damit wir nicht denken, Werther sei ein Volltrottel und Emilia Galotti eine Paranoide«, scherzt Nanette. Ihre kleine Danksagung hat sie zu Hause immer wieder vor dem Spiegel geübt, vor allem dieser letzte Satz sollte sitzen. Ihr Mitschüler Tobias überreicht dem Englischlehrer den bunten Strauß: »Vielen Dank für Ihr Engagement und Ihren Einsatz«, sagt er aufrichtig, um dann grinsend hinzuzufügen, »besonders in Malta haben Sie bewiesen, dass Sie hinter uns stehen, und zwar im wahrsten Sinne des Wortes. Das war echt cool, und das werden wir Ihnen nicht vergessen«, schließt er ab. Er und ein paar andere Jungs waren in einer Disco in Valletta vom Türsteher beschuldigt worden, eine Prügelei angefangen zu haben. Der Lehrer hatte seine Schüler kompromisslos verteidigt und erst auf dem Rückweg im Bus knapp erklärt, dass sie sich in Zukunft vor der Türe und nicht im Club kloppen sollten, wenn sie schon das dringende Bedürfnis danach hätten. Das hat sie beeindruckt. Stress hat es während der gesamten verbliebenen Woche keinen mehr gegeben.

Jetzt geht Isabell zum Mikrofon, sie hält die Rede für ihre Kunstlehrerin: »Sie haben uns mehr beigebracht, als Sie wissen«, beginnt sie schüchtern. Nun, wo sie hier oben steht, erscheinen ihr die Worte, die sie sich zurechtgelegt hatte, so intim. Aber sie fährt fort, jetzt ist es zu spät für ein paar banale Sätze, und nachher würde sie sich sicher ärgern, es nicht gesagt zu haben. »Sie haben uns sehr konzentriert und engagiert auf das Abitur vorbereitet. Trotzdem haben Sie uns nie das Gefühl gegeben, nur auf eine Note hinzulernen. Immer wieder haben Sie uns mit persönlichen Erfahrungen und Erlebnissen klargemacht, dass das Leben nach dem Abitur weitergeht – und stets spielte die Kunst eine wichtige Rolle in diesen Anekdoten. Sie haben uns Lust darauf gemacht, dieser Welt auch in unserem Leben einen Platz zu geben. Einige von uns wollen nach dem Abitur Kunst studieren, andere sich zumindest einige große Meisterwerke mal in natura ansehen. Sie haben uns nicht bloß Zeichnen beigebracht oder Epochenmerkmale gelehrt, sondern auch eine Lebenseinstellung vorgeführt, die uns begeistert hat. Das ist nicht alltäglich im Schulleben, und dafür möchte ich Ihnen im Namen unseres Kurses ganz herzlich danken.« Als sie das Mikrofon weitergibt, um die Blumen zu überreichen, liegen ihre Augen hinter einem dünnen, feuchten Vorhang. Und als sie ihrer Lehrerin gegenübersteht und deren Rührung bemerkt, löst sich eine Träne aus der glitzernden Schicht und kullert die

Wange hinunter. Die Gäste klatschen. Auch andere Mädchen aus dem kleinen Kunstkurs sind gerührt. Die vielen Stunden pro Woche mit dieser offenen und begeisternden Frau – sie sind sich nahegekommen über die Jahre. Nanette wusste, was Isabell sagen würde, sie haben die Ansprache zusammen vorbereitet, aber jetzt, wo sie die Worte in diesem feierlichen Rahmen hört, ist sie gerührt. »Ich hätte das nicht sagen können, ich hätte losgeheult da oben«, sagt sie zu ihrer Freundin Rike, die neben ihr vor der Bühne sitzt. »Das kennt sie ja schon«, stichelt die. Die Szene, auf die Rike anspielt, wird Nanette nie vergessen. Vor etwa einem Jahr hat sie weinend den Kunstraum verlassen und sich auf dem Klo eingeschlossen. Am Vorabend hatte sie heftig mit ihrer Mutter gestritten und musste immer wieder an die gemeinen Sachen denken, die sie gesagt und die ihre Mutter ihr entgegnet hatte. Die Lehrerin hatte daraufhin kurzerhand den Kurs allein gelassen und war Nanette aufs Klo gefolgt. Nach einer Viertelstunde kamen die beiden wieder. Und Nanette hat seitdem nie ein Wort darüber verloren, was dort innerhalb dieser gekachelten vier Wände gesprochen wurde. Alle aus dem Kurs haben sie gedrängt, die kleine Dankesrede für die Lehrerin zu halten, ohne Erfolg. »Ich wusste, dass ich das nicht ohne Schluchzer hinkriegen würde«, lächelt sie und nickt Isabell zu, die sie fragend ansieht. »Super«, formt Nanette mit den Lippen, ohne etwas zu sagen.

Jan ist der Nächste. »Ich mache es kurz«, sagt er. »Vielen Dank für Ihren Einsatz. Sie haben vielen von uns mit Ihren Extramathenachhilfesitzungen echt geholfen. Ich denke, manche hätten ohne diesen Service schlechter abgeschnitten«, sagt er und schüttelt dem Lehrer betont lässig die Hand. Dann nimmt er die vier Stufen an der Seite der Bühne und setzt sich wieder an den Tisch. Er beugt sich zu seinem Kumpel rüber: »Heute haben wir uns alle aber so richtig lieb«, kommentiert er zynisch die Beiträge seiner Vorgängerinnen auf der Bühne. Trotzdem: Unfreundliche Worte zum Abschied kamen für ihn auch nicht infrage, obwohl ihn die väterliche Tour des Mathelehrers auch manchmal genervt hatte. Die anderen Laudatoren halten es genauso: Abrechnungen für die falsche Vorbereitung auf Prüfungsfragen oder schlechte Noten gibt es heute keine. Dafür sind sie zu gut erzogen. Aufgeregt haben sie sich schon genug. Das Zentralabitur halten sie ausnahmslos für unfair und schlecht durchdacht. Aber heute hat der Ärger keinen Platz. Dann doch lieber auf die letzten Stunden noch ein bisschen mit den Lehrern flirten. Vielleicht noch angeboten bekommen, die eine oder andere Autorität von früher zu duzen – das wär's doch.

Dann das Highlight im Abendprogramm: Michael und Jana küren die stufenintern gewählten Gewinner verschiedener Preise. Das ist die deutsche Antwort auf die amerikanische Prom-Queen und ihren Prinzen. Zwar wird nicht simpel das beliebteste Pärchen gekrönt, aber einen Hauch von Beliebtheitsranking hat es doch. »Das wärmste Lächeln« heißt zum Beispiel eine Kategorie, »Erotische Raucherin« eine andere. Tim wird als »Ober-Verpeiler« geoutet. Er lächelt und freut sich, als er vorne zur Bühne geht, um seine Oscar-Nachbildung entgegenzunehmen. Verpeilt steht hier nicht für unzuverlässig und geistig unsortiert, sondern für besonders lässig. Jana bekommt den Award in der Kategorie »Super-Brain« verliehen. Ein Image, das die Neunzehnjährige über die Jahre gut genährt hat. Wie eine Streberin sieht sie aber nicht aus. Sie trägt ein rosafarbenes Kleid mit pinkfarbenen Polka Dots, dazu High Heels und einen dunklen Pony, der ihr schräg ins Gesicht fällt. Auch sie freut sich, obwohl sie als Moderatorin schon vorher wusste, dass sie einen Preis bekommen würde. Die Mitschüler klatschen. Nicht höhnisch oder neidisch, sondern freundschaftlich. Das ist neu. Fünf Jahre früher hätte eine solche Kategorie noch eine Spitze geborgen, die Geehrte wäre wohl eher geduldet als beliebt gewesen. Hier ist es anders. Jana gehört dazu. Nicht zuletzt, weil viele Mitschüler bei ihr ganze Tests abgeschrieben haben.

Dann gibt es Zeugnisse. Das Zeugnis. Jenes Blatt Papier, das ihnen in Zukunft alle Türen öffnen soll. Die gesamte Stufe hat sich im hinteren Teil des festlichen Saals aufgestellt. Das Licht ist gedimmt, nur ein Scheinwerfer ist an. Der Lichtkegel ruht vor der Menge, er wird jetzt jeden einzelnen Schüler nach vorne auf die Bühne begleiten. Michael steht neben seinen Kumpels, er wartet darauf, aufgerufen zu werden. Er ist früh dran, sein Nachname beginnt mit einem »B«. »Ich will dieses scheiß Teil jetzt endlich in den Händen halten«, sagt er, als ginge es um die Meisterschale. Endlich tönt sein Lied aus den Boxen: die Titelmelodie der James-Bond-Filme. Der Rektor ruft ihn nach vorne: »Michael, kommst du bitte.« Er geht los, den langen schmalen Gang zwischen all den gut gekleideten Abiballgästen hindurch. Aber seine Mundwinkel verraten ihn. Eigentlich wollte er mit sicherem Gang und lässig, ohne eine Miene zu verziehen, nach vorne schreiten, aber das klappt nicht. Seinen Stolz kann er nicht verstecken. Seine Freunde grölen, stehen auf, klatschen, zwei Mädchen schreien wie früher beim Anblick des Bravo-Starschnitts von Leonardo DiCaprio. Seine Mundwinkel geraten jetzt endgültig außer Kontrolle, Michael lächelt. Als er auf der Höhe seiner Eltern angekommen ist, schaut er nochmal schnell zu ihnen rüber. Eigentlich wollte er auf dem Weg nach vorne nochmal an ihren Tisch gehen und sie beide kurz drücken. Aber jetzt, wo ihn alle anstarren, erscheint ihm das doch einen Tick zu affektiert. Sein Kumpel Tim, der nach ihm aufgerufen wird, um sein Zeugnis in Empfang zu nehmen, macht die Show. Zügig nimmt er den Weg durch die Gäste. Als er bei seinen Eltern vorbeikommt, hebt er schulmeisterlich den rechten Zeigefinger und macht eine drehende Bewegung, als schelte er sie für irgendetwas. Von Fußballern kennt man diese Geste, sie schimpfen so in die Fernsehkameras, wenn sie ein Tor erzielt haben. »Hab ich euch nicht gesagt, ich mach heute einen rein« heißt das dann. Tim meint es anders, eher so: »Pfui, pfui, pfui, was habt ihr zwei da für 'ne geile Sau gezeugt.« Die Gäste lachen, finden den jungen Kerl witzig und angenehm forsch.

Die meisten stehen noch im hinteren Teil des Saals außerhalb des Lichtkegels. Auch Atina wartet ganz hinten, mit gebeugtem Rücken lehnt sie an der Wand. Sie trägt ein schwarzes Kleid, dessen samtiger Stoff bis auf den Boden reicht. »Theaterfundus«, haben Alexa und Sophia gelästert, als Atina mit ihren Eltern auf dem roten Teppich erschienen ist. Zu dem an ihr herabfließenden Kleid trägt sie schwarze Riemchensandalen und im Haar eine dunkellilafarbene Blüte. Ihre Hände zittern, sie fühlt, wie sich an ihrem Hals und im Dekolleté rote Flecken bilden. Sie dreht sich noch einmal zu ihren Eltern, schaut sie leidend an. Atina wollte nicht herkommen heute, sie hätte das Zeugnis lieber an einem normalen Schultag im Rektorat abgeholt. Aber den Vorschlag haben die Eltern abgewiesen. Vor ein paar Jahren hätten sie vielleicht verstanden, dass Atina nicht unter Menschen will, damals, als sie noch dick war. Aber jetzt? Am Ende der Diskussion hat Atina geweint, aber eingelenkt.

Sie hasst große Menschengruppen, und noch mehr hasst sie, von ihnen beäugt zu werden. Es ist immer dasselbe: Sie fühlt sich unwohl, ist sich sicher, alle starren sie an, schauen auf ihre

Schenkel, wie sie zittern beim Gehen, auf ihre Brüste, die nach links und rechts hopsen, unkontrolliert und schwabbelig, auf ihren gewölbten Bauch. Zu Hause vor dem Spiegel sind ihr beim Anblick ihres Körpers in dem dunklen Samt wieder die Tränen über die Wange gekullert, vor Scham. Gerade läuft Sara auf die Bühne zu, Atina kaut an ihrer Unterlippe, sie weiß, der nächste Name ist ihrer. Dann geht sie los, konzentriert setzt sie einen Fuß vor den anderen, sie versucht jeden Muskel anzuspannen, den sie fühlt, und so sanft aufzutreten, dass ihr Körperfett nicht in Wallung gerät. Nichts schlimmer als der Gedanke, ihr Po bewege sich ebenso hin und her wie eine Portion Wackelpudding, die man zu heftig angestoßen hat.

Die Fremdwahrnehmung ist eine ganz andere: Atinas Eltern schauen sich an, sie sind stolz auf ihre Tochter. »Toll sieht sie aus in ihrem Kleid«, sagt die Mutter, der Vater nickt, und auch die Eltern ihrer besten Freundin Stephanie, die am selben Tisch sitzen, stimmen zu. Auch Alexa, Jana und ihre Freundin Rike, die ihr auf dem Weg zur Bühne hinterherschauen, beneiden sie um ihren Körper, um diese schmale Silhouette. »Ich hab wegen der ganzen Abischeiße so zugenommen«, kommentiert Rike. Sprüche dieser Art sind ihr Markenzeichen. »Ich müsste eigentlich den Sommer über in so ein Camp für fette Kinder, so eine Drill-Academy«, lacht sie. »Wir steigen einfach alle auf Flüssignahrung um«, schlägt Alexa vor, während sie in ihrer silberfarbenen Clutch nach etwas tastet. Sie angelt ein silbernes Motorola RAZR V3 hervor, das über und über mit kleinen Strasssteinen beklebt ist. Mit dem rechten Daumen wirbelt sie über die Tastatur. »Kommt doch gleich noch her, ziehen dann weiter ins Omega. Feiern.« Zwischendurch schaut sie auf, um zu sehen, wer gerade die Bühne ansteuert, ihr Finger tippt weiter. Geläufige Worte schreibt sie locker, ohne hinzusehen.

Noch einen letzten Blick in den Handspiegel, dann ist Alexa dran. Sicher und elegant läuft sie auf ihren hohen silberfarbenen Lackpumps nach vorne. Für neunzehn Jahre würde man sie nicht halten, sähe man sie auf der Straße. Sie trägt heute ein dunkelblaues Etuikleid, das im Dekolleté ausladend geschnitten ist und zu den Knien hin eng abschließt. Die schulterlangen blonden Haare sind gewellt und so drapiert, als habe Alexa gerade eine wilde Fahrt auf dem Motorrad hinter sich. Geschminkt ist sie sehr dezent, allein die Lippen sind mit Gloss nachgezogen und glänzen, als lägen sie unter Zuckerguss. Auf der Bühne nimmt sie vom Rektor ihr Zeugnis entgegen, es ist eines der besten, die heute überreicht werden. Sie strahlt. Nun hat die Aufregung endgültig über das Make-up gesiegt. Tage später wird sie sich darüber aufregen, dass auf allen Gruppenfotos ihre Stirn und ihre Nase glänzen, als habe sie sich »mit irgendeinem beschissenen Schweinefett eingecremt«.

Jan steht mit dem Rücken an die Wand gelehnt im hinteren Teil des Saals und wartet auf die raue Stimme des Rektors, die ihn nach vorne bittet. Seine Freundin war schon dran und hat sich direkt danach wieder von der Bühne geschlichen, um ihre alte Position bei Jan wieder einzunehmen: Sie steht ihm gegenüber, so nah, dass man im gedimmten Licht nicht sehen kann, wo ihr schwarzes Kleid endet und sein dunkler Anzug beginnt. Dank hoher Hacken sind ihre Augen auf gleicher Höhe, beide halten die Lider geschlossen. Mit ihrer Nasenspitze streichelt sie seine glatte Wange. Er pustet ihr leicht ins Ohr. Dann küssen sie sich. Ihre Hand fährt seinen Rücken hinunter, langsam. Die Finger gespreizt, als wolle sie möglichst viel Fläche berühren. Dann kneift sie ihn leicht in die Seite. Er lächelt, ohne seinen Mund von ihrem zu lösen. Sie lächelt auch, dann spitzt sie die Lippen und gibt ihm einen abschließenden Knallkuss.

»Du bist jetzt gleich dran«, flüstert sie ihm ins Ohr, er schaut irritiert auf, als sei er gerade in fremder Umgebung aufgewacht und müsse sich erst orientieren. Auf der Bühne bedankt sich gerade Richard mit Händedruck beim Rektor. Stimmt: Er ist der Nächste.

Mit der rechten Hand fährt er sich durch die kinnlangen, dunklen Haare und geht los. Als Begleitsong für seinen Weg hat er ein eigenes Lied ausgewählt: »Dreaming on« heißt es, und es klingt ein bisschen nach Sandstrandgitarrist Jack Johnson. Dani, die schon wieder auf die Bühne zurückgekehrt ist, um ihn dort zu empfangen, lächelt. Sie liebt dieses Lied. Er hatte ihr den Text vor einigen Monaten abends zugemailt und sie gebeten, ihn auf Rechtschreibfehler zu prüfen. Sie hatte einige englische Wörter durch andere, wohlklingendere ersetzt und ihm eine fehlerfreie Fassung zurückgemailt – mit dem Kommentar: »wunderschön«. Seitdem steht der Text in ihrer Fassung auf seiner MySpace-Homepage. Es ist ihr Lied.

Knapp achtzig junge Menschen werden später auf den Bildern zu sehen sein, strahlend und stolz stehen sie da, in langen Ballkleidern, kurzen Cocktailkleidern, in dunklen Anzügen oder lässigen Zweiteilern aus hellem Leinen. Einige mit Hut, andere mit Hochsteckfrisuren. Manche haben den Arm um ihren Nachbarn gelegt, manche halten sich an den Händen. Jana umarmt ihre Freundinnen Nanette, Rike und Sara von hinten und schaut grinsend über deren Schultern. Tim liegt quer vor der Gruppe auf dem Parkettboden, den Kopf in die linke Hand gestützt. Alexa, Sophia und Isabell stehen nebeneinander in ähnlicher Pose, den rechten Fuß vorne, den linken schräg dahinter. »Das macht schöne Beine«, erklärt die Tänzerin Sophia später. Tobias, Dennis, Richard und Max haben sich gegenseitig die Arme auf die Schultern gelegt. Wenn sie sich nun noch ein bisschen nach vorne lehnen würden, sähen sie aus wie ein Verteidigungsblock auf einem Rugbyfeld. Nach und nach trauen sich auch die Eltern mit ihren silbrigen Freizeitkameras nach vorne und knipsen ihre Kinder und deren Freunde. Michaels Mutter hat feuchte Augen bekommen. Ihr Micha vorne auf der Bühne, in den Händen das Zeugnis, sie strahlt, während sie mit dem rechten Zeigefinger unter dem Auge entlangfährt, um die Tränen abzufangen, bevor sie über die Wangen rollen und helle Adern im Make-up hinterlassen. Wer da oben steht, hat fast alle Möglichkeiten.

Nur einer ist nicht zum Abiball erschienen: Frederik. »Keinen Bock, die ganzen Wichser wiederzusehen«, sagt er. Sein Blick auf seine eigene Stufe ist düster. Er habe das Gefühl, Freundschaften seien bloß noch Netzwerke. Aber nur im Kompatibilitätsmodus zu leben wie Alexa, Tim und Michael, darauf hat er keine Lust. Alle Freundschaften dort seien doch nur oberflächlich. Hintenrum lästere doch jeder über jeden, um seine eigene Stellung zu verbessern, sagt er. Er ist in dieser Stufe nie angekommen. Im Klassenverbund ging es noch, da hatte er zumindest einen Kumpel, mit dem er gut auskam, aber der ist dann sitzengeblieben und musste die Zehnte wiederholen. Kurz darauf starb Frederiks Vater an Lungenkrebs. Seitdem ist er das Sorgenkind der Stufe. Er hat ständig geschwänzt, bekam Ärger mit der Polizei wegen Drogen und ist fast von der Schule geflogen, als er in einem Anflug von Aggression einen jüngeren Schüler umgetreten hat. Dass er jetzt mit den anderen zusammen Abitur macht, verdankt er einigen Lehrern, die sich um ihn bemühten. Ihm Aufgaben mailten, ihm gut zuredeten und ihn immer wieder anspornten. Bei den Mitschülern sorgte die Sonderbehandlung eher für Missmut denn für Mitleid. Dass er nicht gekommen ist, stört keinen von ihnen.

Ortswechsel: klebriger Boden, der Geruch von Bier in der Luft und donnernde Boxen. Die gediegene Atmosphäre des Tanzsaals haben sie verlassen. Mit Taxen und Mama-Shuttle-Service ging es weiter an die Ringe. Jetzt steigt die inoffizielle Abiball-Aftershow-Tour. Erste Station heute: das Diamonds. Die Jungs der A-Clique stoßen kleine Plastikhütchen gegeneinander. »Auf ganz viele Blowjobs«, grölt Tim, dann kippen sie den Wodka runter. Michael wünscht sich, dass er beim Bund wieder Jungs trifft, die genauso locker sind und mit denen das Leben ebenso viel Spaß macht.

Zwar machen sie alle immer Scherze darüber, was sie für Menschen sein werden, wenn sie sich in zehn Jahren beim Klassentreffen wiedersehen, ob sie sich dann wirklich noch was zu sagen haben. Von ihren Eltern kennen sie zumindest nur Geschichten von steifen Zusammentreffen in öden Kneipen. »Die Beate hat sich total verändert, ist so langweilig und konform geworden«, oder »Ich kann mit dem Herbert nichts mehr anfangen, totaler Träumer, hat sich kein bisschen weiterentwickelt«. Wie wird das bei ihnen? Werden sie andere Menschen? Tim will in Köln Sport studieren, Alexa BWL, Rike will einfach nur nach Berlin, Nanette weiß es noch nicht, Michael geht zum Bund, Stephanie will nach Südamerika, und über Richards Wohnort entscheidet die ZVS. Heute ist es schwerer, ein Leben lang befreundet zu sein, finden sie. In Kontakt bleiben, das ist einfach mit studiVZ und Facebook, aber befreundet bleiben? Sie wollen es versuchen, das schwören sie sich an diesem Abend im hellblauen Kunstnebel. Michael bezahlt noch eine Runde für seine Freunde. Sein Vater hat ihm, bevor er ging, noch hundert Euro zugesteckt, »zum Versaufen«, wie er gesagt hatte.

Einige Leute sind schon abgehauen, feiern mit ihren Freunden, die sie außerhalb der Stufe haben. Der harte Kern von etwa zwanzig Leuten macht weiter. Alle halten sich ans Postulat der guten Laune. Ein weiterer Ortswechsel ist beschlossene Sache. Vom Diamonds geht es jetzt ins Omega. Tim, Michael und Richard gehen vor. Immer noch liegt die Schwüle der vergangenen Tage in der Luft. Die Anzugjacken haben die drei längst ausgezogen und über ihre Unterarme gelegt, die Krawatten in die Taschen gestopft, damit sie in den Disco-Garderoben nicht verlorengehen. Tim löst jetzt auch seine Fliege, steckt sie in die Hosentasche und knöpft sein gestärktes Hemd auf. Die jungen Frauen stolpern nach und nach auch aus dem rosa beleuchteten Ausgang der Disco. Die Gesichter sind erhitzt vom Tanzen in der Enge. Es ist vier Uhr nachts. Die Stimmung stagniert, wie immer bei Freiluftkontakt. »Los, kommt schon, ein Club geht noch«, brüllt Tim von vorne. Seine Freunde ziehen mit, er weiß es. Auf die ist Verlass, wenn es wirklich drauf ankommt. Beim Feiern.

Der nächste Tag beginnt für Nanette um 15.56 bei MSN. Jana schreibt sie an: »Bin echt voll fertig. Hab ich viel Scheiße gelabert gestern?« Nanette liegt noch im Bett, als sie die Nachricht bekommt. Aber den Computer hatte sie nachts noch hochgefahren – genau für den Fall, dass ihr jemand schreibt. Schnell hüpft sie aus dem Bett und öffnet das Chatfenster. Sie tippt:

Nanette: nee, quatsch, war doch voll witzig

Jana: wo war eigentlich dieser janik nachher? der war voll süß

Nanette: ka. hatteste was mit dem

Jana: leider no

Nanette: tim und sophia ham später noch rumgemacht. haste mitgekriegt

Jana: erzähl mir was neues

Nanette: ja stimmt ;-) wird mir schon fehlen, so mit allen wegzugehen

Jana: ach kommt bestimmt noch oft vor …

Nanette: ja aber es gehen doch echt auch viele weg und so

Jana: wir müssen die zeit bis dahin halt voll auskosten. carpe noctem und so … weißte bescheid

Nanette: ;-) machen wir

WINTER

1 Alles, was zählt

Lernen

Darf ich mal bitte vorbei?!
Das geht nach Kompetenz … Danke!

104 837 Mitglieder

Rückblende, der erste Samstagnachmittag im Februar. Jana und Nanette sind schon da. Sie haben versprochen, ein bisschen zu helfen, bevor heute die Mitschüler hier auftauchen: Getränke kaufen, ein paar Snacks vorbereiten und den Esstisch umstellen. Rike hat heute sturmfrei und ein paar Leute eingeladen – zum Lernen. Fast alle aus dem Grundkurs Deutsch wollen kommen, um vor der Vorabiklausur nochmal ein paar Dinge durchzugehen: »Ich hab mal direkt eine richtig dumme Frage«, eröffnet Tim die Sitzung, »wieso sind die Protagonisten immer alle so unglücklich, werden Bücher dadurch irgendwie besser?« Er schaut zu Jana herüber, der Leistungskurslerin, die Rike zur Verstärkung eingeladen hat, falls sie alleine nicht weiterkommen. Jana überlegt, dann schlägt sie vor, lieber einen Text nach dem anderen durchzugehen und dann am Ende wieder zu dieser Frage zu kommen. »Sieh an, Madame hat schon einen Lernplan erarbeitet«, spottet Tim, um dann gleich entschuldigend die Handflächen in die Luft zu strecken. »Nein, Quatsch, ist ja sehr nett von dir.« Jana lächelt, sie zieht ein gelbes Reclam-Heft aus ihrer Tasche: »Irrungen, Wirrungen«, damit will sie beginnen. Ihre Zuhörer suchen ihre Texte raus und ziehen die Kappen von ihren Stiften. Los geht's. Jetzt, wo sie hier sitzen, sind die Prüfungen auf einmal erschreckend real. Anders als noch vor ein paar Wochen in der Silvesternacht um halb vier:

Alexa, Michael, Isabell und ein paar andere hatten ein Taxi genommen, um am Friesenplatz in einer leicht heruntergekommenen Bar noch Freunde aus der Stufe zu treffen und sich vollends abzuschießen. Als sie aus dem Taxi stiegen, sahen sie schon durch die große Glasfront der Bar, dass ihre Mitschüler drinnen weder tanzten noch lachend umherstolperten, sondern an langen Tischen zusammensaßen. »Ach du Scheiße, Gesprächsrunde«, scherzte Michael, der sonst immer als Erstes dabei ist, wenn es darum geht, ein beliebiges Thema breitzuwälzen. »Aber woher weißt du, dass du deine Noten halten kannst? Im Abi wird es nochmal schwerer«, sagt gerade einer, als sie hereinkommen. »Ja, gut, aber nur weil es viel Arbeit ist und nicht so leicht, nützt es doch nichts, gleich wieder aufzugeben«, antwortet eine junge Frau. Eine Gruppe junger Menschen vor zehn Jahren hätte an solch einem Abend mit solch einem Pegel vermutlich intime Sexgeschichten ausgetauscht. Die Kölner Abiturienten gestehen sich ihre errechneten Notendurchschnitte. Manche hatten in den vergangenen Wochen angekündigt, auf welchen Notendurchschnitt sie hinarbeiteten, und andere hatten darauf hingewiesen, wie schwierig es sei, diesbezüglich Prognosen aufzustellen. Optimisten gegen Realisten, nennen sie das intern. Als Pessimist will keiner gelten. Die

Übrigen hatten sich daraufhin entschieden, ihre errechneten Durchschnittsnoten nicht zu früh öffentlich zu machen, um der Flut von Gegenmeinungen, Bedenken und Warnungen aus dem Weg zu gehen. Wie Eltern, die den Namen ihres ungeborenen Kindes nicht verraten, um nicht darüber diskutieren zu müssen. Wenn das Abitur erst mal begonnen habe, könne man immer noch seinen erhofften Schnitt öffentlich machen, dann – so kurz vorher – traue sich bestimmt niemand mehr, darüber kritisch zu urteilen. So wie man auch über einen hässlichen Namen nichts mehr sagt, wenn das arme Kind schon so heißt.

Jetzt an Rikes Esstisch geht es nicht mehr um Zahlenspiele, sondern um die Verarbeitung von Geschichte in Bernhard Schlinks Roman »Der Vorleser«. Ein Buch, das Jana extra nochmal durchgelesen hat, obwohl es in ihren Prüfungen keine Rolle spielen wird. Die anderen honorieren das. Als sie nach vier Stunden beschließen, die Helden einfach weiter leiden zu lassen, klatschen alle, um Jana für ihre Mühe zu danken. »Ist ja klar, dass du heute Nacht kein Bier mehr bezahlen musst«, sagt Tobi und schaut prüfend in die Runde, ob sich jemand seiner Großzügigkeit anschließt. Die anderen nicken. »Ach so, nein danke«, sagt Jana zögerlich. Eigentlich wolle sie noch für ihre eigene Deutschklausur ein bisschen lernen. »Es ist doch nur Vorabi«, ruft Tim, als er die ganzen unschlüssigen Gesichter sieht. Sie ziehen los, nicht ohne sich vorher zu schwören, an diesem Abend nur so viel zu trinken, dass sie am nächsten Tag spätestens um vier aufstehen können.

Wettrüsten in Sachen Bildung

Ihr Rektor wäre stolz auf sie. Auf der Internetseite des Gymnasiums wirbt er damit, dass schulische und soziale Leistungsbereitschaft gleichermaßen gefördert werden sollen. Schon in der fünften Klasse können die Schüler mit zwei Fremdsprachen beginnen: Englisch und eine zweite nach Wahl, die zunächst in einer Arbeitsgemeinschaft unterrichtet wird. In der siebten Klasse, wenn andere Schüler beginnen, sich mit Französisch herumzuschlagen, steht an dieser Schule schon die dritte Sprache auf dem Stundenplan, meist Latein oder Spanisch. Die Gründe für den Lernturbo werden auf der Internetseite wiederholt, und der Rektor der Schule wird nicht müde, sie bei allen Veranstaltungen wieder zu betonen: »In jungem Alter lernt man leichter.« Wer in der neunten Klasse, mit fünfzehn Jahren, das erste Mal einen lateinischen Satz höre, der werde diese Sprache nie ganz verstehen, geschweige denn beherrschen. Die Absolventen seiner Schule bezeichnet er gerne als Leistungselite. Ganz Unrecht hat er nicht. Der Durchschnitt der Abschlussnoten, mit denen dieses Gymnasium seine Schüler entlässt, ist seit Jahren schon immer ein bisschen besser als der anderer Gymnasien – und wird intern bekanntgegeben. Er soll den aktuellen Abschlussjahrgang anspornen und zu noch besseren Leistungen beflügeln. Die diesjährigen Abiturienten haben angebissen, sie wollen den bisherigen Rekord toppen und einen Stufenschnitt von unter 2,3 schaffen. Zum Vergleich: Der Bundesdurchschnitt liegt bei etwa 2,5.

Knapp die Hälfte eines Geburtenjahrgangs macht in Deutschland Abitur oder Fachabitur. Vor fünfzehn Jahren waren es nur dreiunddreißig Prozent. Worüber sich Bildungspolitiker freuen, bedeutet für die jungen Menschen in erster Linie eins: mehr

Konkurrenz. Umso wichtiger ist es, wo und mit welcher Note man den Abschluss erreicht. Schon 1999, als die Abiturienten sich für eine weiterführende Schule entschieden haben, war absehbar, dass die Auswahl des Gymnasiums wichtiger werden würde. Ihre Eltern haben sich bewusst für eine Schule mit besonders guten Quoten entschieden: kaum Abbrecher, wenige Sitzenbleiber. Sie waren die Ersten, die sich auf den Bildungswettlauf eingelassen haben. Kinder, die in den Achtzigerjahren eingeschult wurden, durften ihre Schule noch nach der Länge des Schulwegs auswählen. Anfang des neuen Jahrtausends war damit Schluss. Für knapp die Hälfte der Schüler dieser Stufe ist diese Schule nicht die nächstgelegene. Viele von ihnen erinnern sich daran, mit zehn Jahren gemeinsam mit den Eltern mehrere Gymnasien angeschaut zu haben.

Die Jugendlichen spüren diesen Druck von Anfang an. »Meine Eltern haben nie gesagt, dass ich mehr leisten muss als meine ältere Schwester, aber irgendwie hab ich schon gemerkt, dass man sich bei mir mehr drum gekümmert hat. Und da wollte ich auch was zurückgeben und die Erwartungen auch erfüllen«, sagt Michael. Neun Jahre zuvor, als für Michaels Schwester Katrin eine weiterführende Schule gesucht wurde, hatte noch die Freude über die Empfehlung fürs Gymnasium die größte Rolle gespielt. Anders als Familien der Ober- oder oberen Mittelschicht, deren Sprösslinge mit fast siebzigprozentiger Wahrscheinlichkeit die allgemeine Hochschulreife erreichen, haben Michaels Eltern diesen Erfolg nicht automatisch vorausgesetzt. Und am Beispiel ihrer Tochter haben sie gesehen, dass das allein die Zukunft noch lange nicht sichert. Katrin hat ihr Abitur mit 2,8 gemacht, dann Romanistik studiert, weil sie für Psychologie nicht zugelassen wurde, und sucht nun – »mit fast dreißig«, wie die Eltern fassungslos hinzufügen – immer wieder neue Jobs, die dann oft nur auf ein Jahr befristet sind. »Dabei hat sie doch Abitur gemacht und studiert«, erklärt Michaels Mutter jedem, mit dem sie über Tochter Katrin spricht. Sie selbst und ihr Mann haben nicht studiert, sie sind stolz darauf, dass ihre Kinder diese Möglichkeit haben – aber dass selbst auf dieser höheren Bildungsebene bereits separiert wird, das beunruhigt sie. Über neunzig Prozent der Eltern fordern laut einer von Microsoft und Focus in Auftrag gegebenen Bildungsstudie 2007 eine Fortbildungspflicht für Lehrer.

Auch Alexas Eltern haben, als sie vor drei Jahren von Wiesbaden nach Köln gezogen sind, viel Zeit in die Suche nach der richtigen Schule für die Tochter investiert. Dreimal sind sie ins Rheinland gefahren, um sich Häuser und Wohnungen anzuschauen, und drei weitere Male, um ein Gymnasium auszuwählen. »Egal, wie oft sich meine Eltern gezofft haben in der Zeit, was die Schule angeht, waren sie immer einer Meinung«, erzählt Alexa, deren Eltern sich inzwischen haben scheiden lassen. Ihr guter Abschluss ist ein Familienprojekt. Sie gibt ihr Bestes, und wenn das mal nicht reicht, dann helfen die Eltern – und bezahlen ihr Lernprogramme für den PC, Nachhilfestunden oder einen Sprachurlaub in England. Die Zahl der Schüler, die schon mal außerschulische Hilfe in Anspruch genommen haben, steigt jährlich. Inzwischen ist es bereits jeder Zweite. Isabells Eltern haben sogar noch früher damit begonnen, ihrer Tochter »einen Vorteil zu verschaffen«. Sie wurde mit fünf Jahren eingeschult und wird ein ganzes Jahr jünger sein als ihre Freunde, wenn sie Abitur macht. Dieser Kniff wird immer beliebter. 1992 schickten nur 2,6 Prozent der Eltern ihre Kinder frühzeitig in die Schule, 2004 waren es schon knapp zehn Prozent. Das macht drei für jede gymnasiale Schulklasse. Hinzu kommen noch die Überspringer, begabte Kinder, die eine Jahrgangsstufe auslassen dürfen. Auch davon gibt es an diesem Gymnasium viele. Auch während der Schulzeit werden die Eltern an dieser Schule mehr eingebunden als an anderen. Zum Elternsprechtag wird nicht bloß ein Elternteil erwartet, sondern beide. Auch der Schüler soll anwesend sein, so die Vorgabe. »Es geht darum, dass die Kinder merken, dass sie hier zur Schule gehen und nicht ihre Eltern«, hat der Rektor Tims Eltern einmal erklärt, als sie ohne den Sohn kamen, um ihn zu schonen. Eigenverantwortung, Leistung und Solidarität – das sind die Säulen der schulischen Erziehung. Die Jugendlichen haben das verinnerlicht. Sie machen nicht einfach einen guten Abschluss, sie arbeiten aktiv an sich – an ihren schulischen Leistungen ebenso wie an der Ausprägung ihrer sozialen Kompetenz. Junge Frauen noch mehr als junge Männer. Sie reagieren schneller auf die negative Lage auf dem Arbeitsmarkt, erklärt Jugendforscher Klaus Hurrelmann.

Angst vor der Angst

Die Top Ten der Ängste dieser Generation wird von ökonomischen Sorgen angeführt: Fast drei Viertel fürchten sich vor einer schlechten Wirtschaftslage und Arbeitslosigkeit, vor sozialem Abstieg oder gar Armut. Davor, keinen Job zu finden oder ihn nicht halten zu können. Krisenkinder sind sie nicht, weil sie in Krisenzeiten aufgewachsen sind, sondern weil sie Krisen fürchten wie sonst nichts. Vielleicht weil sie keine erlebt haben. »Außer der Scheidung meiner Eltern ist in unserer Familie nie was schiefgegangen. Alle haben Arbeit, verdienen gut und sind glücklich«, sagt Alexa. Sie ist typisch für ihre Altersgruppe, aufgewachsen im Westdeutschland der neunziger Jahre, in einer problemfreien Zone: keine Armut, kein Krieg, keine RAF, kein geteiltes Land. Nie vorher ging es jungen Menschen so gut, und nie vorher hatten sie Eltern, denen es so gutging.

Bildungsmisere, Terrorismus, Börsencrash, Überalterung der Gesellschaft, Klimawandel – all das kennen sie nur aus den Medien. Einfluss auf ihr Leben hat das kaum. Die Abiturienten bekommen weiterhin ihr Taschengeld, wohnen gemeinsam mit ihren Eltern in einer Altbauwohnung in der Stadt oder in einem eigenen Haus, fahren in Urlaub, gehen shoppen, feiern und zum Sport. Die Seifenblase, in der sie leben, hält den veränderten Bedingungen stand. Bisher. Umso größer ist die schwelende Unsicherheit.

Diese Generation teilt die Sorge, irgendeine dieser viel beschriebenen Krisen könnte irgendwann auch sie erreichen. Deshalb trifft sie Maßnahmen gegen das mögliche Hereinbrechen von Armut und Arbeitslosigkeit in ihr Leben. Von den drei denkbaren Reaktionen resignieren, rebellieren oder ranklotzen haben sie sich für Letzteres entschieden. Sie folgen dem Weg, den ihre Eltern vorgegeben haben, als sie ein leistungsorientiertes Gymnasium auswählten, wegen einer Drei in Mathe Nachhilfestunden organisierten und für die Osterferien eine Sprachreise buchten. Lernen, Leistung und Engagement, das wird sich immer auszahlen. Wenn nicht für alle, dann doch wenigstens für sie persönlich.

Generation Ich

Für die Gesellschaft sehen sie schwarz. Aber: Für sie selbst leuchtet alles rosarot. Drei Viertel der jungen Menschen zwischen vierzehn und fünfundzwanzig Jahren schauen voller Zuversicht in ihre persönliche Zukunft. Sie sind von sich und ihrem Können überzeugt, glauben daran, dass sie mit ausreichend Disziplin und Ehrgeiz schon irgendwie ihren Weg machen werden. Ein Großteil der Abiturienten dieser Stufe vertritt die Ansicht, dass man alles erreichen kann, wenn man nur wirklich will. »Und bereit ist, alles dafür zu tun«, sagt Michael. Lernen, lernen, lernen – das ist das Allheilmittel. Der Leistungsgedanke hat sich verselbstständigt. Gut ist nicht gut genug. Sehr gut reicht vielleicht. Die Lösung, erklärt Michael, sei einfach: Er müsse am Ende der Beste sein, der beste Bewerber von allen. Überragend ausgebildet, über die Maßen motiviert und flexibel bis zur Selbstaufgabe. Frei nach dem Motto: »Wenn es nur wenige schaffen, dann will ich einer der wenigen sein.« Kein »Wir«, sondern ein »Ich« bestimmt das Denken. Er müsse so gut sein, erklärt Michael, dass der Personalchef nicht anders könne, als ihn einzustellen. Diesen Plan verfolgen die meisten Altersgenossen.

Sein Mitschüler Jan sieht das kritisch. »Das bedeutet eigentlich nichts anderes, als seine Persönlichkeit den Anforderungen der Wirtschaft anzupassen«, sagt er. Ganz frei machen von dem herrschenden Druck, ein möglichst attraktiver Arbeitnehmer zu werden, kann er sich aber nicht. »Wenn alle so eine Panik machen und sich mit immer mehr Qualifikationen gegen die Arbeitslosigkeit rüsten, werden die Anforderungen immer größer«, sagt er. Aber auszusteigen aus dem Bildungswettlauf kommt für ihn nicht infrage. Die Alternative hieße ja immer, die schlecht bezahlten Arbeiten anzunehmen und sich nie was leisten zu können. Dann lieber doch Option C: ranklotzen.

2 Die unbekannte Welt der Abiturienten

Leben im Internet

Nur weil wir studiVZ-Freunde sind, heißt das noch lange nicht …

46 118 Mitglieder

Eine Luftblase steigt aus dem Wasser auf und zerplatzt an der Oberfläche. So klingt es, wenn der Computer den Eingang einer neuen Nachricht meldet. Es ist Dienstagabend, 22.34 Uhr. Ein kleines Chatfenster öffnet sich unten rechts auf dem Bildschirm: »Alter, mach mal Pro Sieben«, schreibt Tim über Skype. Michael lacht, greift die Fernbedienung, die neben ihm auf dem gläsernen Schreibtisch liegt, und schaltet um. Den Fernseher hat er so gedreht, dass er vom Computer aus darauf sehen kann – nicht vom Bett. »Ich sitze immer vor dem PC und schaue von hier meine Sendungen«, sagt er. Im Fernsehen flirtet Simon Gosejohann als schwuler Bauarbeiter gerade mit den Kollegen von der Baugrube nebenan. »Der Typ is so geil«, tippt Michael. »Dem ist nichts zu peinlich«, antwortet Tim. Und dann schreibt er: »Guck mal die Fresse von dem Typ im Bagger ha ha ha.« Die ganze Folge werden sie auf diese Weise zusammen anschauen und die Sketche kommentieren. Später noch über eine anstehende Klausur beraten, über ein paar Lehrer lästern und die Bundesligatabelle analysieren. Als sie sich um kurz nach eins verabschieden, haben sie fast drei Stunden gechattet. Nebenbei hat Michael sich aber auch noch mit einem Kumpel vom Debattierclub unterhalten und mit einer Mitschülerin, mit der er sich zum Chat verabredet hat, um ein gemeinsames Referat fertig zu machen. Zudem hat er noch die Nachrichten beantwortet, die er über studiVZ und Facebook bekommen hat. Und wo er gerade bei den Sozialen-Netzwerk-Seiten angemeldet war, hat er auch mal nach der jungen Frau gesucht, die er ein paar Abende zuvor kennengelernt hat. Den Link zu ihrem Foto hat er Tim natürlich sofort via Skype zugeschickt. Genauso wie einen Link zu dem Song, über den sie heute in der Pause gesprochen hatten. Außerdem hat er die neuen Einträge auf Janas Profilseite gelesen und ein paar Mädels aus der Stufe »gegruschelt«. Das Referat hat er fertig bekommen, und »TV Total« hat er auch verfolgt. Ein ganz normaler Abend.

Beschäftigungsstatus: online plus X

Bei den jungen Frauen aus der Stufe läuft das genauso. Wenn man zu Hause ist, ist man auch online – egal, was man sonst so macht. Ob man kocht oder isst, fernsieht oder Musik hört, duscht oder sich anzieht, telefoniert oder aufräumt. Egal, ob Freunde da sind oder man alleine ist. »Ohne Internet fühlt man sich halbtot«, sagt Sophia. Das ist genauso schlimm wie ohne Handy zu sein. »Eher noch schlimmer.« Handy sei ja nur noch für unterwegs wichtig. Aber alles andere laufe doch im Internet ab. Für 84 Prozent der jungen Menschen ist ein Leben ohne Internet schlichtweg undenkbar, so das Ergebnis einer Studie der ARIS Umfrageforschung. »Ich bin quasi immer online«, sagt Isabell und lacht, als sei das eine Übertreibung. Die Abiturientin erklärt: »Wenn ich nach Hause komme, mache ich als Allererstes den Computer an. Bevor ich die Schuhe ausziehe und die Jacke aufhänge, gebe ich noch schnell das Passwort ein, damit der Rechner schon mal hochfahren kann. Ich checke meine E-Mails. Während die laden, öffne ich schon mal studiVZ und MySpace. Neue Nachrichten oder einen neuen Pinnwandeintrag hat man ja immer.« Isabell ist länger online, als sie schläft oder in der Schule ist. Laut der ARIS-Studie würden die unter Dreißigjährigen eher auf ihr Auto oder ihren Partner verzichten als auf Internet oder Handy. Auch Dani würde so entscheiden, »obwohl Jan echt süß ist«, fügt sie an und lächelt. Dann winkt sie ab. »Nee, ich bleib dabei«, sagt sie. Internet geht vor. Sechsundneunzig Prozent der Haushalte, in denen Jugendliche leben, haben einen Internetzugang, so das Ergebnis der Studie Jugend, Information und Multimedia (JIM) aus dem Jahr 2008. Das Internet hat bei den unter Dreißigjährigen das Fernsehen längst als Lieblingsmedium abgelöst. 2009 haben erstmals mehr junge Menschen einen Computer im Zimmer als einen Fernseher.

Digital Natives

Das Leben mit Internet und Handy – das hat sie alle geprägt. Soziologen sprechen schon von einer eigenen Generation, den Digital Natives. Jenen, die mit dem gelebten Gefühl der Globalität aufgewachsen sind und sich im Internet frei und sicher bewegen. Die unbekannte Webseiten anwählen, als schlügen sie ein Buch auf, die dort intuitiv richtig navigieren, die neue Programme runterladen und so selbstverständlich nutzen, als hätten sie sie selbst geschrieben. Die ohne hinzusehen SMS tippen, die auf fremden Handys beim ersten Versuch die Tastensperre aktivieren können und die die Konditionen sämtlicher Mobilfunkverträge runterbeten wie das Vaterunser. Sie sind Eingeborene dieser virtuellen Welt. Geboren nach 1988, saßen sie schon im Sachkundeunterricht in der Grundschule vor einem Bildschirm, haben die Tastatur gleich nach dem Alphabet kennengelernt und statt Tagebüchern Blogs geschrieben. Das Internet ist ihr natürlicher Lebensraum, sämtliche Fragen versuchen sie vom Computer aus zu beantworten, bevor sie sich vor die Haustür begeben. »Mein Tag bräuchte doppelt so viele Stunden, wenn ich wie meine Mama immer überall hinrennen würde«, sagt Max und erzählt eine Anekdote, die ihm mal wieder verdeutlicht habe, wie anders er denkt.

Seine Mutter habe ihm neulich erzählt, sie wolle noch beim Fotogeschäft vorbeigehen, um zu fragen, ob ihre Bilder fertig seien, sagt Max und lacht los. Für ihn undenkbar. Erstens: Er besitzt Bilder ausschließlich digital. Zweitens: Bräuchte er einen Abzug, dann würde er den online bestellen, per Kreditkarte bezahlen und sich die Fotos nach Hause schicken lassen. Drittens: Wenn er denn Filme in einen Fotoladen gebracht hätte, aber nicht wüsste, ob die Bilder bereits abgeholt werden könnten, würde er den Laden googeln und dort anrufen, bevor er sich auf den Weg machte. Die Vorgehensweise seiner Mutter ist ihm völlig unbegreiflich. Manchmal, erzählt er und lacht wieder, schreibe sich seine Mutter an der Bahnhaltestelle auch Abfahrtszeiten in einen kleinen Block, ebenso wie Veranstaltungshinweise oder Öffnungszeiten. Er macht das ganz anders. Er merke sich ein Schlagwort und google die Details. Oder er merke sich eine Liedzeile und google dann später Interpret und Titel. Hauptsache, man habe ein Stichwort.

Dieses Denken teilt er mit fast allen Gleichaltrigen. Ob man etwas weiß oder bloß weiß, wo man es schnell findet, scheint auf dasselbe rauszulaufen. Und wessen Handy sich ins Internet einwählen kann, der braucht sich gar nichts mehr zu merken, hat er doch das Wissen der Welt immer verfügbar in der Hosentasche. Längst ist das Internet das ausgelagerte Zweithirn einer ganzen Generation geworden. Einen Suchbegriff dort eintippen und auf das Ergebnis warten geht zumeist schneller, als selber nachzudenken. Und es geht mit Sicherheit schneller, als in die Bibliothek zu rennen oder auch nur im häuslichen Bücherregal zu suchen. Beinahe jede Information, die Digital Natives benötigen, finden sie im Internet. Sie gehen nicht zur Post oder zur Bank, um Geld zu überweisen oder ihren Kontostand zu erfahren. Sie wälzen nicht die Gelben Seiten, um eine Adresse zu finden – sofern sie überhaupt mal eine andere als die E-Mail-Adresse benötigen. Sie durchblättern keine Fernsehzeitungen, wenn sie wissen wollen, was sie abends anschauen könnten. Sollten sie ihre Lieblingsserie verpasst haben, schauen sie sich die Folge nachträglich im Internet an, etwa auf zattoo.com/de. Die richtige Schreibweise eines Fremdworts erfahren sie ebenso aus dem Netz wie dessen Bedeutung. Wörter übersetzen sie bei leo.de oder dict.cc, Sprachen lernen sie auf de.babbel.com. Musik hören sie bei YouTube oder musicovery.com, Bücher kaufen sie bei Amazon, Zeitung und Zeitschriften lesen sie online. Und Freundschaften pflegen sie bei studiVZ, Facebook oder MySpace.

Dort hält man Kontakt mit den Leuten aus der Grundschulklasse, den Freunden aus dem Highschool-Jahr in Michigan, mit denen vom Sport, mit Bekanntschaften vom letzten Clubbesuch, mit Nachbarn und den Teilnehmern der Jugendfreizeit 2003. Da ist es nicht ungewöhnlich, dass man in all den Communitys, in denen man angemeldet ist, insgesamt über dreihundert Freunde angesammelt hat. Ein Profil bei studiVZ oder einem seiner Ableger ist für deutschsprachige Jugendliche beinahe Standard, über 14 Millionen Nutzer sind hier registriert. Die Hälfte davon loggt sich täglich ein. StudiVZ ist so selbstverständlich, dass sich junge Menschen in einer Bar nicht mehr notwendigerweise nach ihrer Nummer fragen, sondern nach ihrem Profilnamen. Facebook, das internationale Pendant, zählt sogar über 250 Millionen aktive Nutzer. Auch hier haben viele deutsche Jugendliche ein Profil. Wo man sich anmeldet, ist regional verschieden, aber auch andere Online-Gemeinschaften wie Bepo, MySpace, und-du.de, wer-kennt-wen.de oder Lokalisten.de funktionieren nach demselben Prinzip.

Die ständige Vertretung: das Profil

Die persönliche Seite im Netzwerk dient der Vorstellung und Inszenierung der eigenen Person. Gefragt sind immer dieselben Angaben: Name, Abschluss, Beziehungsstatus. Und die jungen Kunden geben bereitwillig all ihre persönlichen Daten preis. Laut einer Erhebung der Carnegie Mellon University unter viertausend Studenten enthalten über neunzig Prozent der Profile bei Facebook ein Foto, über achtzig Prozent ein Geburtsdatum, über sechzig Prozent der User geben an, einen Partner zu haben, und nennen dessen Namen, über fünfzig Prozent verraten ihren Wohnort und knapp vierzig geben sogar ihre Telefonnummer preis. Das sind eine Menge Informationen, die der ganzen Welt zur Verfügung gestellt werden. Denn der private Eindruck der Netzwerke täuscht. Jeder kann sich in wenigen Minuten mit falschen Angaben dort anmelden und die Profile fremder Menschen durchsehen.

Beinahe jeder Digital Native ist in mehr als einem Netzwerk Mitglied und zeigt überall eine andere Facette seiner Identität. Im studiVZ gibt er sich vielleicht ein bisschen jünger, im Netzwerk Xing ein bisschen professioneller und bei MySpace ein bisschen kreativer. Aber überall steht derselbe Name drüber. So kann jeder, der sich für ihn interessiert, aufgrund der verschiedenen Identitäten, die er im Internet auslebt, auf ein sehr umfangreiches Gesamtbild schließen. »Ja, aber wer sollte das machen? Wer sollte sich denn ausgerechnet für mich interessieren?«, fragt Alexa, deren Selbsteinschätzung ansonsten eher auf dem Umkehrschluss basiert. Außerdem: Was sei denn die Alternative?

Bei keinem sozialen Netzwerk angemeldet zu sein ist wie alle Partys der Schulzeit zu verpassen. Das ist fast so, als hätte man gar keine Freunde. Was früher am Rande des Fußballplatzes stattfand oder hinter der Dorftanke, das spielt sich heute im Internet ab. Treffpunkt ist nicht mehr der Trainerunterstand oder die Laterne, sondern eine Internetplattform. Wer hier nicht dabei ist, der kann nicht mitreden. Der Schultag wird hier bequatscht, hier wird gelästert und gelacht, hier wird gelernt und die Zukunft geplant. Wer nach einem Urlaub oder nur nach einem Wochenende bei den Großeltern das erste Mal wieder online geht, der fühlt sich wie jemand, der fünf Sonntage nicht auf dem Fußballplatz war. Die beste Freundin tuschelt mit einer anderen, der Schwarm schaut überhaupt nicht mehr zu einem rüber und die Spieler haben neue Trikots. Und nichts hassen Digital Natives mehr, als etwas zu verpassen, und sei es noch so banal. Gerade mal nicht online zu sein, wenn jemand im Internet sein Profil ändert, zur Party einlädt oder ein Mädchen aus der Stufe anflirtet, ist eine Horrorvorstellung. Immer online sein – das ist ganz klar der Trend. US-Teenager verbrachten im Juni 2009 bereits sieben Mal so viel Zeit auf den Seiten von Facebook.com wie im Vorjahreszeitraum. Tendenz: sehr steil steigend.

»Freunde? Die Hälfte kenn ich gar nicht«

»Wenn ich weiß, dass meine Freunde online sind und chatten und ich aber auf Toilette muss, dann renne ich immer«, sagt Isabell. Sie meint die Mitschüler aus der Stufe. Für die rennt sie, für andere nicht. Obwohl sie die in den sozialen Netzwerken ebenso als »Freunde« bezeichnet. Darüber, wann man jemanden in seine Freundesliste aufnimmt, herrschen verschiedene Ansichten. Rike, die in ihrem studiVZ-Profil nur mit sechzig Leuten vernetzt ist, sagt: »Ich nehme nur Leute an, die ich auch im echten Leben ertrage.« Alexa hingegen vernetzt sich mit jedem, mit dem sie mehr als drei Worte gewechselt hat. Da kommt selbst mit gerade mal neunzehn Jahren einiges zusammen. Alexa hat über dreihundert Freunde alleine im studiVZ. Das Magazin *NEON* titelte im Mai 2008: »Kennst du zu viele Leute?« Eine berechtigte Frage: Denn wie kann man all den Menschen, die man über die Jahre in seiner virtuellen Freundesliste angesammelt hat, überhaupt noch gerecht werden? Und muss man das überhaupt? Sind sie überhaupt mehr als private Gelbe Seiten? Wessen PC kaputt ist, der schaut mal seine Kontakte durch, ob er einen IT-Fachmann findet, wer einen neuen Haarschnitt will, sucht in der Freundesliste nach einem Friseur, und wer ein neues Parfum braucht, wendet sich an die Bekannte, die bei Douglas arbeitet und Prozente kriegt. Die einen sehen das illusionslos, die anderen fühlen sich überfordert mit so vielen »Freundschaften«. Es werde eben immer schwerer zu trennen, wer ein »echter« Freund sei und wer nicht, findet Atina. Auf ihrer Rangliste stehen nicht automatisch die Menschen aus ihrem Alltag ganz vorne. »Es gibt Leute im Netz, mit denen rede ich offener und ehrlicher als mit sogenannten Freundinnen aus der Stufe.« Wer sich online besser verstanden fühlt als im »echten« Leben – für den wird es hin und wieder verwirrend. Jan erklärt das so: »Im Internet stehe ich mit anderen Bands in Kontakt, die Ähnliches machen wie ich und meine Band. Musikmäßig sind mir viele von denen näher als die Leute, mit denen ich abends so weggehe, obwohl ich sie noch nie getroffen habe.« Unbekannte Bekannte oder fremde Freunde, also Menschen, mit denen man sehr viel teilt, über die man viel weiß und denen man sich verbunden fühlt, obwohl man sie nur vom Foto kennt – das ist ein neues Phänomen.

False Friends

Freunde im Netz? Eine zweischneidige Sache. Zum einen bereichernd, wie Jan und Atina finden, zum anderen eine Last. Denn jeder akzeptierte Freund ist einer mehr, der Feedback will: Er hinterlässt Nachrichten, stellt Fragen. Man muss ihm zum Geburtstag gratulieren – der einem angezeigt wird –, Glück wünschen für die Fahrprüfung, die er angekündigt hat, und nachfragen, wie es dem Hund geht, dessen Leiden er mit Bildern auf seiner Seite dokumentiert. Die meisten Jugendlichen haben nicht den Mut, sich einfach zu verweigern, mal nicht zu reagieren oder erst später. Noch eine zweite Gefahr bergen die Online-Freundschaften. Sie stehen nicht nur für sich, sondern sind Teil des eigenen Profils und haben Auswirkungen auf die eigene virtuelle Identität. Sophia erklärt: »Ich hab mal zwei Mädels vom Sport wieder die Freundschaft gekündigt, weil die so peinliche Titten-Bilder von sich reingestellt hatten. Da haben mich superviele drauf angesprochen. Woher ich die kenne und so. Das war mir total unangenehm, da wollte ich nichts mit zu tun haben.«

Während man vor zehn Jahren seine soziale Identität noch selbst gestalten konnte, je nachdem, wie man sich gab, kleidete und sprach, gibt man heute einen großen Teil der Kontrolle aus der Hand. Und kann sich gegen Unliebsames auch nur sehr mühsam wehren. Als im Sommer ein Bekannter von Jana ein Foto von ihrem halbnackten Po bei studiVZ reingestellt hatte, dauerte es drei Tage, bis das Bild entfernt wurde. Drei Tage, in denen so ziemlich alle, die sie kennt, ihren Hintern begutachten konnten. Und dass das Bild für immer aus dem Netz verschwunden ist, da kann Jana niemals sicher sein. Jeder hätte es während dieser drei Tage aufrufen und speichern können, um es in ein, zwei Jahren wieder hervorzuholen und auf anderen Seiten wieder zu verwenden. Wenn nicht sogar schon jetzt auf anderen Fotoseiten wie Photobucket, Flickr, Ofoto oder Shutterfly ein paar Kopien herumschwirren. Verkracht hat Jana sich deswegen mit dem Bekannten, einem Abiturienten eines anderen Gymnasiums, nicht. »Damit muss man rechnen«, sagt sie nüchtern. Für einen Digital Native führt der Weg eines Fotos unweigerlich ins Internet. Manchmal müsse man eben eingreifen, erklärt Michael. Er habe einmal einen Kumpel gebeten, ein Sauf-Bild von ihm wieder rauszunehmen. »Ja, war ein bisschen schwul von mir, da so rumzujammern, aber das Foto ging echt gar nicht«, rechtfertigt er. Es sei so eins von der Sorte »Besoffener frisst Fastfood mit offenem Mund« gewesen, sagt er und lacht. Fotos von der Sorte »Besoffener pinkelt in Hinterhof« und »Besoffener mit gelber Gesichtsfarbe in der U-Bahn« stehen aber immer noch online. Das stört ihn nicht? »Na ja, wenn es mal um einen Job geht, müssen die raus, aber so lange find ich es o. k.«, erklärt er. Und außerdem sähen so schließlich alle, dass man mit ihm gut feiern könne, das sei ja auch wichtig.

Generation look @ me

Trotz der Möglichkeit, im Internet mit seiner Identität zu spielen, sich auszuprobieren und zu wandeln, ist das Ziel der meisten Digital Natives, sich genau so darzustellen, wie sie sind. Zwischen ihrer Online- und ihrer Offline-Identität unterscheiden die Jugendlichen nicht. Im Gegenteil: Je detaillierter das Profil ihre Persönlichkeit darstellt, desto besser. Zwar denke ihre Mutter immer, sie gehe zu leichtfertig mit ihren personenbezogenen Daten um, erklärt Jana, aber das sei gar nicht so. »Man stellt ja nichts ohne Hintergedanken rein.« Man habe ja immer bestimmte Gründe für jede Info, jedes Foto. Ziel ist es, am Ende einen möglichst interessanten Eindruck zu hinterlassen. Jana erklärt: Ihr Profilbild mit der Brooklyn Bridge im Hintergrund habe sie zum Beispiel hochgeladen, damit jeder gleich wisse, dass sie schon mal in New York war, also gerne reise. In der Kategorie Lieblingsfilme habe sie extra nicht nur die üblichen amerikanischen Schnulzen aufgezählt, sondern auch ein paar unbekanntere europäische Filme im Originaltitel, damit sie nicht so gewöhnlich rüberkomme. Und zusätzlich zu den gestellten Fotos, auf denen sie richtig gut aussehe, habe sie auch ein paar abgedrehte und teilweise unvorteilhafte Partybilder reingestellt, damit sie nicht so eitel wirke. Und die drei Pinnwandeinträge ihrer besten Freundinnen, in denen die ihr für die verrückte Nacht neulich danken und ihr ewige Freundschaft schwören, würde sie natürlich auch nie löschen. »Da sieht man ja dann, dass ich auch coole Freundinnen habe und beliebt bin«, erklärt sie.

Auch ihre Mitschüler geben an, ebenso viel Zeit mit der Gestaltung ihres Profils zu verbringen wie mit Surfen und Chatten. Eine interessante Selbstdarstellung im Internet ist ihnen wichtig. Wo sie so viel Zeit verbringen, da wollen sie würdig vertreten sein. US-amerikanische Soziologen sprechen bereits von der Generation »look at me«, die das Leben als Casting begreift und die ganze Welt als Jury. Den Spaß an der Selbstinszenierung haben sie als ein Charakteristikum der Jugend ausgemacht. Auch die Abiturienten pflegen ihr Image sorgfältig, sind perfekte Marketingstrategen in eigener Sache. So inszeniert sich Jan als Bono-Doppelgänger, indem er bei MySpace eigene Songs veröffentlicht und darin Schuldenerlass für die Dritte Welt fordert. Michael veröffentlicht auf seinem Blog die Punkteliste seines Debattierclubs, auf der er ganz oben steht, und nährt so sein Image als knallharter Diskussionspartner. Atina stellt ihre düsteren Gedichte ins Internet, Max twittert die Links zu spannenden Artikeln über Datenschutz, Tim lädt immer wieder Bilder hoch, auf denen er mit verschwitzten Frauen beim Feiern zu sehen ist, und Rike präsentiert bei www.ilikemystyle.net einige ihrer selbst genähten Outfits. Das Internet mit seinen vielen Möglichkeiten, sich darzustellen, fördert die Ich-Fokussierung der Jugendlichen. Facebook beispielsweise dokumentiert sämtliche Aktivitäten: wer wem welche Nachricht hinterlassen hat, wer sich mit wem neu angefreundet hat und wer wie welches Foto kommentiert hat. Jeder Schritt, den ein Digital Native und seine Freunde auf den Seiten des Netzwerks machen, wird veröffentlicht. Da kann es schon mal vorkommen, dass man nach der Anmeldung gleich darüber informiert wird, dass Nanette grade vom Zahnarzt kommt und bei Rike auch demnächst eine Wurzelfüllung ansteht. Daran, ständig Statusberichte abzusetzen, haben sich die Jugendlichen gewöhnt, und sei deren Inhalt noch so banal. Dass sich die Freundinnen Alexa, Dani, Isabell und Sophia, kaum von der Schule nach Hause gekommen, wieder Nachrichten zuschicken, ist normal, und auch, dass es darin ausschließlich um sie selbst geht. »Keinen Bock auf Training heute«, schreibt Sophia. »Ich muss mal wieder meinen Ansatz nachfärben«, antwortet Alexa. »Ich gucke gerade Fernsehen, bin so fertig«, verkündet Isabell und Dani schreibt: »Gehe vielleicht noch zu Jan, mal sehen.« So geht das immer. Jede Alltagshandlung wird den Freundinnen mitgeteilt. »Bisschen quatschen« nennen das die jungen Frauen, Soziologen sagen dazu Narzissmus. Das Internet habe längst einen Mitteilungsdrang bei den jungen Menschen geweckt, der weit über ein gesundes Maß hinausgehe.

FRÜHLING

3 Auf dem Sonnendeck

Teil einer Jugendbewegung

Zeig mir deinen Klingelton und ich errate deinen Schulabschluss

18 783 Mitglieder

Er habe sich die Gymnasiastenarroganz erst aneignen müssen, diesen Blick erst lernen, sagt Dennis. »Die gucken irgendwie anders«, erklärt er und ahmt dann den Gesichtsausdruck nach, den er für typisch hält: Er hebt das Kinn, zieht die Lider hoch und mustert prüfend jeden und alles, was sich in seinem Blickfeld befindet. Er muss lachen. »O. k., das war ein bisschen übertrieben, aber so ungefähr«, sagt er.

Der heute zwanzigjährige Dennis erinnert sich noch ganz genau an seinen ersten Tag an der neuen Schule. Tagelang hatte er überlegt, was er anziehen sollte, fast eine halbe Stunde hatte er morgens vor dem Spiegel gestanden und immer nur gedacht, dass sie sofort sehen würden, dass er von der Realschule käme. »Ich dachte, die haben da irgendwie einen Radar für«, erklärt er heute seine Angst von früher. Und so war es auch: Auf welcher Schule er denn vorher gewesen sei, das sei immer eine der ersten Fragen gewesen. Gleich nach »Wie heißt du?«. Erwachsene fragten einander, was sie denn beruflich machen, und Schüler fragten sich eben nach ihrem Bildungsgrad. Schublade auf, Mensch rein und Schublade zu. Er habe sich gefühlt wie einsortiert und falsch gestempelt. Man sei ja dann nicht nur der Realschüler, sondern man sei vor allem der dumme Realschüler. An eine Szene erinnert er sich noch genau: An einem der ersten Tage saß er mit seinen neuen Mitschülern im Geschichtsunterricht, und der Lehrer wollte, dass einer der Schüler nochmal kurz zusammenfasst, welche Umstände zur Französischen Revolution geführt haben. Kaum hatte er den Arm gehoben und den Zeigefinger ausgestreckt, fingen zwei Mädchen hinter ihm an zu tuscheln. »Och, wie süß er sich meldet, wie in der Grundschule.« Und die andere: »Psst, er will uns was erklären.« Seitdem hatte er sich nur noch so gemeldet wie die anderen, mit halb gestrecktem Arm und ohne abgespreizten Finger.

Alexa ist ebenfalls erst in der elften Stufe auf dieses Gymnasium gewechselt. Ihr Start verlief ganz anders, entspannt und lässig, wie durchchoreographiert. »Die hat sich von Anfang an wie eine Prinzessin benommen, und alle haben das so hingenommen und fanden das cool. Ich habe versucht, freundlich zu sein, und kam deshalb wie ein Loser rüber«, analysiert Dennis. Auch den arroganten Gymnasiastenblick habe sie schon draufgehabt, als sie das erste Mal die Stufen zum Haupteingang nahm. Tatsächlich hatten sich ihre beiden Elternteile um einen gelungenen Start in der neuen Schule gleichermaßen bemüht. Der Vater ging mit ihr einkaufen für den ersten Auftritt, die Mutter lud sie am Abend vorher ins Kino ein, um sie abzulenken. Es hat sich gelohnt. Ihr Einstieg verlief reibungslos.

Für den ersten Tag hatte sie sich genau überlegt, was sie anziehen sollte. Aber es war die Tasche, die ihr einen großen Auftritt bescherte – zumindest bei den Mädchen. Ihren alten Leitz-Ordner trug sie in einer schwarzen Louis-Vuitton-Tasche mit buntem Buchstabenmuster durch die gläserne Eingangstür. Ein Modell, das es im Gegensatz zum braunen Dauerbrenner aus dem Hause Vuitton nicht bei jedem zweiten Straßenhändler als Fälschung zu kaufen gibt. Die Frage »Ist die echt?« erübrigte sich. Das Interesse war geweckt. »Tolle Tasche, mal was anderes«, hatte Isabell noch am selben Tag während der Fünfminutenpause zu Alexa gesagt und dann wieder betont lässig an ihrer Marlboro Lights gezogen. Sie selbst besitze dieses meist gefälschte dunkelbraune Modell mit den goldenen Lettern. Immer wieder ärgere sie sich über die Mädchen, die das gleiche Exemplar zu billigen Deichmann-Schuhen ausführten und glaubten, keiner könne ihnen ansehen, dass sie nicht das Geld für ein Original hätten. Sofort hatten die beiden ein Thema: jugendliche Blender. Der Beginn einer Freundschaft. Alexa wurde von Isabell und den anderen gleich in der Clique aufgenommen, ohne dass sie Kaffee holen, Komplimente verteilen oder andächtig zuhören musste, wenn Dani, Sophia und Isabell von ihren Freizeitaktivitäten berichteten. Die erste Einladung zum samstäglichen Feiern schlug sie aus. »Ich bin schon verabredet«, hatte sie lässig geantwortet. Bereits nach zwei Monaten machte sie die Vorschläge für die Wochenendgestaltung – und immer häufiger wurden sie angenommen. Heute ist sie Wortführerin der Clique.

Die Mathelehrerin hat die beiden Neuankömmlinge beobachtet. Dass Mädchen sich besser und schneller einleben, wundert sie nicht mehr. »Gerade in der Pubertät sind Jungs eher gehandicapt, was soziale Kompetenz angeht, Mädchen fühlen sich besser ein, gehen auf die Mitschüler zu und sind auch oft selbstbewusster«, meint sie. Schon mit sechzehn hätten sie ein ganz anderes Auftreten als die gleichaltrigen Jungs. »Die hängen da in einem Transitzustand fest. Die Zeit, in der man einfach auf dem Schulhof mitgespielt hat, ist vorbei, aber normale reife Gespräche sind auch noch nicht angesagt.«

»Dass ich dann doch noch ganz gut akzeptiert wurde, verdanke ich Tobi«, erklärt Dennis rückblickend. Tobi war der Einzige, den er schon kannte, als er in die Stufe kam. Die beiden spielen Fußball im selben Kölner Verein, und er war es gewesen, der ihn bestärkt hatte, doch noch sein Abi zu machen. Und er war es auch gewesen, der ihn den anderen vorgestellt, der ihn abends zum Feiern mitgenommen und der alle, die anfangs über ihn spotteten, mit einem bösen Blick gestraft hatte. Für Tobi war Dennis einfach ein cooler Typ und ein toller Abwehrspieler. Dessen Bedenken angesichts des Neuanfangs konnte er zunächst gar nicht nachvollziehen. Erst nach und nach habe er begriffen, was für ein großer Schritt es für den ehemaligen Realschüler war, die Herausforderung Abi anzunehmen.

In Dennis' Familie hat niemand Abitur gemacht. Die Eltern haben die Volksschule besucht und dann eine Lehre begonnen. Sein älterer Bruder Stefan hat mit Ach und Krach die Realschule geschafft, fand dann keine Lehrstelle in Köln und ist seit diesen »Lehrlaufjahren«, wie Dennis es nennt, vorbestraft wegen Körperverletzung. Dass er später doch noch eine Ausbildung als Mechatroniker beginnen konnte, verdankt er seinem ehemaligen Fußballtrainer Rolf. Genau wie sein kleiner Bruder Dennis und dessen Kumpel Tobi hat er lange gekickt und dort im Club eine zweite Familie gefunden. Rolf hatte von den Abwegen seines ehemaligen Schützlings gehört und bei den Eltern anderer Spieler für ihn geworben. Einer der Väter stellte Stefan ein. Für die jungen Männer ist Trainer Rolf so eine Art Held.

»Es ist so einfach, die Jungs wieder in die Spur zu bringen, es gibt einfach nur zu wenige, die es tun«, sagt er so uneitel, als schließe er sich selbst da gar nicht mit ein. Seine Sätze klingen wie der Refrain eines Karnevalsliedes, so melodisch, so kölsch. Er ist ein großer, schmaler Mann mit Schnurrbart und praktischem Kurzhaarschnitt. »Unsere Gesellschaft gibt junge Menschen einfach zu schnell auf«, beklagt er. »Wenn sie einmal Mist machen, dann sind sie gleich raus.« Das sei kurzsichtig und arrogant. Seine Pädagogik ist eine andere: Wer es besser machen will, der kriegt eine Chance und muss sich beweisen. Das klingt banal. »Das ist es auch«, sagt Rolf, »aber es funktioniert.« Und er fügt hinzu: »Wer vergibt denn heute sonst noch zweite Chancen?« Und wer habe die Autorität, auch etwas einzufordern? Die Eltern seien doch oft gar nicht informiert über das Leben der Kinder, und die Lehrer zögen doch auch nur ihr Programm durch. Er ist kein Fan von langen Diskussionen und gespielten Einsichten der Jugendlichen. Seine Ermahnungen sind schlicht und kommen im Stakkato. Sie klingen im Grunde fast so wie seine Anweisungen auf dem Platz. »Krieg das wieder in den Griff, jammer nicht rum, mach es besser, häng dich rein.« Seine Jungs nehmen es an. Auch Dennis hat er ein paar Takte mitgegeben, als der zunächst zögerte, aufs Gymnasium zu wechseln. »Du musst das durchziehen, das ist eine tolle Möglichkeit, lass dich jetzt nicht abdrängen.« »Irgendwie so ähnlich«, erinnert sich Dennis und muss lachen. Er hat sich nicht abdrängen lassen. Er hat sich getraut. Er sei froh, dass er diese Chance bekommen habe, das sei nicht selbstverständlich, meint Dennis. Die Zahlen geben ihm Recht. Nur 24 Prozent der Kinder, deren Vater keinen oder nur einen Volksschulabschluss hat, machen Abitur, so die Ergebnisse der aktuellen Shell-Studie. Die Kinder von Vätern mit Abitur hingegen erreichen zu 74 Prozent auch diesen Abschluss. Bildung ist vererbbar.

Auch Tobi hat die Freundschaft zu Dennis und den anderen Spielern geprägt. »Wenn ich manche aus der Mannschaft so höre, dann wird mir halt erst mal klar, was für ein Glück ich habe mit meinen Eltern. Sie sind es ja, die entscheiden, wo man zur Schule geht, und wenn es denen irgendwie egal ist, dann ist man direkt benachteiligt für immer. Obwohl man schlau ist«, sagt Tobi. In seiner Mannschaft gibt es außer Dennis und ihm nur noch einen Gymnasiasten, die anderen sind Real- oder Hauptschüler, Gesamtschüler oder arbeitslos. »Die führen ein anderes Leben als ich, und die sind auch nicht blöd«, meint er.

Sein Lieblingsargument heißt Besim. Besim, einer seiner engsten Freunde. »Dessen Leben ist echt komplett anders verlaufen, Pech gehabt einfach.« Besims Eckdaten sind diese: Er ist zwanzig Jahre alt, stammt aus Albanien, ging auf die Hauptschule, scheiterte, seitdem lebt er ohne Aufgabe. Laut Statistik führt er also das ganz normale Leben eines Zuwandererkindes. Während im Jahr 2006 die Hälfte der Deutschen aufs Gymnasium ging, waren es unter den Türken desselben Jahrgangs nur 12,4 Prozent. Alle anderen Ausländergruppen schafften es auch nur auf einen Gymnasiastenanteil von etwa zwanzig Prozent, so die Ergebnisse des Kriminologischen Forschungsinstituts Niedersachsen e. V. (KFN). Fast fünfzig Prozent von ihnen gehen auf die Hauptschule, und wiederum jeder Achte davon beendet seine Schulkarriere ohne Abschluss.

Dennis hat es geschafft, von der Realschule noch aufs Gymnasium zu wechseln, und wird im Sommer sein Abitur machen. Aber von einer Hauptschule ist der Schritt zu weit. Ob Besim an einer Einheitsschule zum Vorzeigeschüler geworden wäre? Seine Freunde Tobi und Dennis glauben daran, auch wenn sie nicht unbedingt eine solche Schule besuchen wollten. Ihr Kumpel habe nie eine Chance erhalten in Deutschland. Wer einmal auf der Hauptschule lande, der sei verloren. Eine heterogene Schülerschaft an einer Einheitsschule hätte ihn vielleicht motiviert, statt ihm sein Versagen vorzuführen. Besim sieht das auch so. Die Gesellschaft lasse ihn nicht rein, er werde als Ballast empfunden und klein gehalten, erklärt er. In Albanien wäre er kein Verlierer, da ist sich Besim sicher. Sein Onkel habe es ja schließlich auch geschafft. Als Besims Vater 1991 nach Deutschland gekommen sei, sei der Bruder dort geblieben. Ihm gehörten heute zwei Restaurants in der Küstenstadt Saranda. Besim wünscht sich, seine Eltern wären auch dort in der Heimat geblieben, da, wo er geboren wurde und hingehöre. Alles wäre einfacher. Sein Onkel habe es richtig gemacht, er fahre einen Mercedes, seine Kinder studierten und er müsse sich nicht, so wie Besims Vater, der in Köln-Weidenpesch Autos baut, die er sich nie wird leisten können, für eine fremde Gesellschaft kaputt arbeiten. »Vor meinem Vater hab ich keinen Respekt. Der ist ein Sklave«, sagt der Zwanzigjährige. So enden will er nicht. »Aber ohne Abschluss bist du nichts«, sagt er.

»Nichts zu sein«, das ist ein Zustand, der sich durch seinen Alltag zieht. Er schläft den halben Tag, wird als Nichtsnutz angesehen und vom Vater gegängelt, er solle sich endlich Arbeit suchen, seine beiden kleinen Schwestern nehmen ihn nicht ernst, mittags hängt er im Einkaufszentrum rum, nachmittags sieht er zu, wie im Fernsehen Schwangerschaftstests durchgeführt werden, und abends kommt er dann in den Club nicht rein. Zieht er die weißen Sneakers an, so wie die deutschen Jungs es machen, dann heißt es, sein Stil sei zu leger. Kommt er in Lackschuhen, dann heißt es, er sei ein Möchtegern. Jedes Mal, wenn er abgewiesen wird, vergrößert sich der Hass: auf den Türsteher, ein Landsmann und deshalb Verräter, auf die deutschen Weicheier, die alle reinkommen, und auf all die anderen Bonzen. Auf Jungs wie Tim, die mit ungeheurem Selbstverständnis in der Schlange stehen, dort vorglühen und sich danebenbenehmen – und trotzdem vom Türsteher hofiert werden. »So Typen wie Tim, so Reiche, kommen immer rein, so ist das«, sagt Besim. Wie einfach alles ist, wenn man in die richtige Schicht reingeboren wird – das ist Besim klargeworden, als er an einem gemeinsamen Partyabend zufällig beobachtete, wie einfach und ungezwungen Tim sich bewegt. Er selbst stand an der Bar und wartete auf seine Cola, Tim trat heran, und im selben Augenblick hatte er auch schon den Blick der Bedienung eingefangen, einmal kurz genickt, dabei ein Lächeln angedeutet, ohne sich anzubiedern, und sofort konnte er bestellen. Besim war beeindruckt. Bei ihm funktionierte es nicht. Er hat es ausprobiert.

Der Zwanzigjährige mit deutschem Pass will nicht immer anders behandelt werden. Ungern gesteht er das ein. Er fühlt sich besser, wenn er die Scheißegal-Schiene fährt. Aber eigentlich wünscht er sich, anzukommen und aufgenommen zu werden, eine Aufgabe zu finden, die ihn ausfüllt. »Nichts Großes«, sagt er, bloß einen sinnvollen Job, einen netten Chef, bei dem er nicht schleimen muss, und dass sich die Frauen nachts in der Bahn nicht von ihm wegsetzen. »Das wär's schon«, sagt er, als habe er bei McDonald's gerade eine Bestellung aufgeben. Er grinst, in seiner stoppeligen Wange bilden sich kleine Grübchen.

Besim fühlt sich zwar auch als Ausländer in Deutschland. Aber noch mehr als gesellschaftlicher Versager, als Nichtsnutz. Und dieses Stigma ist es auch, das von den Gleichaltrigen wahrgenommen wird. Rassistisch sind die wenigsten, in der Stufe ebenso wenig wie in anderen Großstädten im bundesweiten Durchschnitt. Laut der aktuellen Shell-Studie sind bloß dreizehn Prozent der Jugendlichen intolerant gegenüber Randgruppen wie Ausländern oder Homosexuellen. Gymnasiasten sind überdies die am seltensten ausländerfeindlich eingestellte Gruppe der Gesellschaft, noch vor den Studenten. Hautfarbe und Herkunft sind für sie keine Merkmale mehr, nach denen sie jemanden beurteilen. Sie sind mit Kindern aus sämtlichen möglichen Mischehen aufgewachsen, ihre Freunde sind seit dem Kindergarten Schwarze, Asiaten oder Latinos. Das ist die gute Nachricht.

Die schlechte ist: Sie unterscheiden nach anderen Kriterien: nach Geld, nach Bildung, nach sozialem Status. Besim wäre für die meisten aus der Stufe nicht deshalb als Freund unvorstellbar, weil er albanischer Herkunft und Moslem ist, sondern weil er »keinen Job« und »keinen guten Abschluss« hat und »sich hängen lässt«. Fünfzehn Prozent der Jugendlichen heute haben Vorbehalte gegen Familien, die Sozialhilfe beziehen, und hätten diese lieber nicht als Nachbarn. Nur wenige der Abiturienten sind mit jemandem, der nicht denselben Schulabschluss anstrebt wie sie, »richtig gut befreundet«. Bei einem Großteil dieser Freunde handelt es sich um Leute mit Fachhochschulreife. Wenn in den Medien von Parallelwelten die Rede ist, dann handelt es sich stets um Menschen mit anderer Religion, anderen Werten und anderer Heimat, die kein Deutsch sprechen und in abgelegenen Wohnvierteln leben. Die Parallelwelt für die Gymnasiasten beginnt schon ganz woanders. Für sie leben darin alle Schüler, die nicht mindestens bis zur zwölften Klasse eine Schule besucht haben. Kontakt haben sie zu solchen Leuten nicht. »Kann ja sein, dass manche ganz nett sind, aber man hat kaum Berührungspunkte mit denen«, bemüht sich Alexa zu erklären, höchstens mal im Sonnenstudio, im Fitnessclub oder bei der Maniküre, ergänzt sie. Ihre Freunde lachen. Das war's. Auf die Frage, ob sie andere Jugendliche kennen, die keine

Hochschulreife anstreben, erhält man diese Antwort: Nichtgymnasiasten sind nicht auf ihrem Niveau. Sie tragen Jacken aus falschem Leder von Cordon Sport oder Picaldi, sie hören in der U-Bahn schlechte Musik über ihre Handylautsprecher, und sie verschlucken die Artikel, wenn sie sprechen – und ständig rotzen sie auf den Boden. Die Schwarz-Weiß-Sicht ihrer Clique auf die Altersgenossen ist Sophia peinlich. »Ich kenne superviele nette Leute, die kein Abi machen«, setzt sie nochmal an. Aber keiner reagiert.

Gott sei Dank, wie sie später sagt. Denn hätten die anderen wirklich nachgehakt, wäre es ganz schön peinlich geworden. Zu der Person, an die sie gedacht hatte, ihrer besten Freundin aus der Grundschule, hat sie schon in der sechsten Klasse den Kontakt verloren, und wenn sich die beiden heute treffen, dann wechseln sie auch bloß noch ein paar Worte – meistens über früher. Über den streunenden Hund aus ihrem Viertel, über den Geheimgang, über den man auch nachmittags auf den Schulhof gelangen konnte, und über den ekligen Typ im Kiosk, der ihnen immer Stangeneis andrehen wollte. Gespräche über ihr Leben, wie es heute ist, mit all den Unterschieden – dieses Thema meiden sie. Nur über ihre Mutter weiß Sophia, dass Nadine nach dem Realschulabschluss zunächst keine Lehrstelle gefunden hat und inzwischen in einer Bäckerei jobbt. Eine Bäckerei, in die Sophia seitdem nicht mehr gegangen ist. Sie schluckt, als sie zu Ende erzählt hat. Im Grunde könne sie ihren Freunden die arrogante Haltung also gar nicht verübeln. »Ich denke ja irgendwie auch so, auch wenn ich es krass finde, wenn ich das andere so pauschal sagen höre«, rechtfertigt sie sich.

Und auch Nanette denkt »so«. Sie hat ein paarmal mit Besim getanzt, wenn sie zusammen feiern waren. Aber mehr war nicht draus geworden. »Ja, ich fand ihn erst ganz süß«, sagt sie. Aber dann sei ihr das irgendwie zu wenig zukunftstauglich gewesen. »Ich wäre ja besser ausgebildet als er, das geht doch irgendwie nicht.« Sie fände es ja schon affig, wenn sich Männer Frauen suchten, die nicht ihrem Intellekt entsprächen. Aber andersrum sei es ja noch heftiger. Auch ihre Freundin Sara hat ihr abgeraten. Sie kenne diese Typen – auch aus ihrer eigenen Familie. »Bei denen sind immer die anderen schuld, das ist eine scheiß Einstellung«, sagt sie über die Jungmänner. Ein Begriff, den die Soziologie für diese jungen, oft ausländischen oder ostdeutschen Männer ohne Perspektive geprägt hat. Nichts hasst sie mehr als die Ausrede vom armen »Migrantenkind«. Die Sympathien für den kleinen Proleten, als den sie Besim bezeichnet, kann sie nicht nachvollziehen. »Wer ihn gut findet, wendet sich gegen mich«, hatte sie einmal gesagt, aber keiner hatte so richtig kapiert, wie sie das meint. Sie habe dieselben Voraussetzungen gehabt und sei woanders gelandet.

Sara fühlt sich gut integriert, seit sie mit fünf Jahren mit ihren Eltern nach Deutschland kam. Ihr, sagt sie, sei hier alles möglich gemacht worden. Nach der Grundschule bekam sie eine Gymnasialempfehlung, und später will sie studieren. »Alles ganz normal eben«, sagt sie, obwohl sie doch weiß, dass es bei einem Großteil der Kinder mit denselben Startbedingungen nicht so reibungslos läuft. Ihr Problem ist die Familie. Sie hält sie zurück, bremst sie aus in ihren Integrationsbemühungen. Sara sagt immer, sie sei Halbtagstunesierin. Tunesierin nur dann, wenn sie muss – zu Hause oder bei der Arbeit im Laden ihres Onkels. Dort steht sie in Stoffhosen, mit schwarzem Pullover und Zopf hinter dem Verkaufstresen und spricht leise mit den Kunden. Wenn man sie dort besucht, lächelt sie schüchtern und blickt dann zu ihrem Cousin rüber, der nickt. Das ist die Erlaubnis, sie darf kurz auf die Straße gehen und mit der Freundin quatschen. Es ist ihr unangenehm, wenn man sie hier aufsucht. Lieber will sie das Bild der Sara aufrechterhalten, die unabhängig ist und sich nichts vorschreiben lässt. Wenn sie wieder Deutsch spricht, ist Sara wieder die Frau, wie ihre deutschen Freundinnen sie kennen. Die Frau, die es liebt, verschnörkelte, schlaue Sätze zu sagen, um dann zu kokettieren, sie sei sich beim Satzbau nie ganz sicher, sie sei schließlich nur Tunesierin. Die Sara, die nachts am längsten in ihrer Stammbar, im Päff, bleiben will, am meisten trinkt, am häufigsten ihre Nummer rausgibt, am ehesten den Abend in den Armen irgendeines Fremden beendet und der man immer wieder mal ein Alibi geben muss, weil »der Typ einfach viel zu geil ist, um nicht mit ihm rumzumachen«. Sie genießt die ungläubigen Blicke, wenn sie den neuen Bekanntschaften erzählt, dass sie Muslima sei, aber trotzdem gerne auf einen One-Night-Stand mit zu ihnen käme.

Dieses Leben zwischen den Kulturen, das viele ihrer Altersgenossen umtreibt, gibt sie an, nicht zu kennen, ebenso wie das Problem, zwischen Wertevorstellungen wählen zu müssen. In Wahrheit führt sie ein Doppelleben. Wenn sie abends mit ihren Mitschülern weggeht, lügt sie den Eltern vor, sie schlafe bei einer Freundin. Und wenn sie am Wochenende von ihren Eltern gedrängt wird, mit ihnen gemeinsam Freunde der Familie zu besuchen, dann entschuldigt sie sich bei ihren Freundinnen mit einer Ausrede. Sie hat sich geschworen, die Eltern nicht zu verletzen, aber sich trotzdem nicht auf deren Lebensentwurf einzulassen. Sie wünscht sich, sie hätte sich ohne den Druck der Eltern ihrer tunesischen Identität annähern können. »Sie haben mir diese Kultur aufzwängen wollen, jetzt habe ich mich dagegen entschieden, das haben sie jetzt davon. Ich habe das hier und jetzt gewählt, mit allem, was dazugehört«, sagt sie trotzig. Was das alles ist, wissen ihre Eltern, Gott sei Dank, nicht.

4 Bereit zum Abschuss

Ein Grund zum Feiern

Ich kann auch ohne Alkohol lustig sein, aber sicher ist sicher!!!

90 481 Mitglieder

Das Vorglühen können sie sich heute sparen. Normalerweise treffen sich Jan, Dennis, Tobi und ein paar andere bei Max in der Wohnung und trinken sich warm. Jeder bringt etwas mit: billigen Rum oder Wodka und eine Flasche Cola oder zumindest ein paar Flaschen Bier vom Kiosk. Heute erübrigt sich das. Heute treffen sie sich gleich im Club zur Flatrate-Party. Für knapp zwanzig Euro so viel saufen, wie man will. Die Leute schlängeln sich neben den Straßenbahngleisen mindestens dreißig Meter weit bis um die nächste Ecke. Jan tippt in die Tastatur seines Handys. »Wem schreibst du?«, fragt Max. »Dani. Dass die sich beeilen und dann zu uns stellen«, antwortet Jan. Die anderen nicken. Gar keine schlechte Idee. Vor ein paar Wochen sind sie einmal nicht reingekommen. Eine Gruppe junger Männer mit ungeputzten Turnschuhen. Zu allem Überfluss hatten sie auch noch einen Mitschüler im Schlepptau, der aussah, als habe er sein Sweatshirt seit der letzten LAN-Party nicht mehr gewechselt. Und keine Mädchen, die das hätten ausgleichen können. Männer alleine trinken sich halb ins Koma. Männer, die mit Frauen kommen, nicht. Welche Frau geht schon mit zu einem Typen nach Hause, der sturzbetrunken ist – das wissen auch die Türsteher. Dani, Jana, Rike, Sara und Nanette würden also helfen. Mit ihnen zusammen würden sie garantiert reinkommen.

Die Sache zieht sich. Gerade erst sind sie an der Ecke angekommen, sehen jetzt den Eingang, aber der Laden scheint voll zu sein. Dabei ist es erst elf Uhr abends. Die Türsteher lassen kaum mehr Leute rein, als Alkoholleichen rausstolpern. »Oh, das fuckt mich jetzt total ab«, sagt Max. Die Woche über haben sie alle ihre letzten Vorabiklausuren geschrieben. Die meisten von ihnen haben für die Klausuren so motiviert gelernt, als ginge es schon um alles. »Mal testen, wie gut man vorwärtskommt«, äfft Jan die Sätze nach, die die Übereifrigen zu diesem Thema anführen würden. Er selbst hat nicht gelernt. Hat er eigentlich nie großartig gemacht. »Ich gehe meistens zum Unterricht, höre zu und bin nicht total gehirnamputiert«, erklärt er. Diese drei Voraussetzungen haben seit der neunten Klasse immer ausgereicht, um mindestens eine Vier zu kriegen, meistens sogar eine Drei. »Reicht doch«, sagt er.

Und meint damit auch: Reicht doch als Legitimation, sich heute komplett abzuschießen. Jan hat Dani schon in der Schule gesagt, sie könne gerne in dieser Nacht bei ihm schlafen, aber sie solle nicht enttäuscht sein, wenn nichts mehr laufen würde. Er plane, sich heute die Kante zu geben. Dani hat nur gelacht. Den Krankenschwester-Part kennt sie schon. Im Dunklen seinen Pullover vom Boden klauben, sich bei ihm unterhaken, in seinen Hosentaschen nach dem Märkchen für die Garderobe tasten, die Jacke auslösen, aggressive Jungs besänftigen, die er im wackeligen Rausch angerempelt hat, und schließlich den lallenden Freund sicher auf einen Plastikstuhl in der U-Bahn setzen.

Und obwohl ihr dieses Szenario auch heute wieder droht, strahlt sie breit, als sie ihren Freund in der Schlange entdeckt. Die beiden küssen sich, lang und schnalzend. Die anderen grinsen und begrüßen sich ebenfalls mit Küsschen. Das Gesprächsthema ist klar, die Prüfungen. »Wie lief's bei dir in Deutsch?«, fragt Jana und lächelt Tobi an. Er hatte auch bei Rike gesessen, als sie nochmal die großen Themen durchgegangen waren. Und obwohl Tim wieder mit seinem Verpeiler-Image kokettiert hatte, war es Tobi gewesen, um den sich Jana am meisten Sorgen gemacht hatte. Ganz offensichtlich hatte er von allen Werken bloß die Zusammenfassungen auf Wikipedia gelesen. »Na ja«, antwortet der. »Es ging ja um den ›Vorleser‹, und den kann ich halt gar nicht ab. Ich weiß auch nicht, warum wir immer wieder dieses Holocaust-Zeug lesen müssen.« Er sieht Jana an. »Ja, nee. Sorry«, sagt er dann, »aber so langsam reicht es doch mal damit«, versucht er zu erklären. Jana lächelt milde, so wie man einen kleinen Bruder anlächelt, der es nicht so gemeint hat. »Ja, ich weiß«, entgegnet Jana. Tatsächlich haben sie schon in der sechsten Klasse begonnen, Literatur zum Dritten Reich zu lesen. Jedes Jahr wieder dieses Thema. Alles was danach in Deutschland passiert ist, schien den Lehrern irgendwie noch nicht zur Geschichte zu gehören. »Dazu haben die noch keine Arbeitsblätter bekommen in der Uni«, hatte Rike einmal gelästert, als sie im Unterricht die Nachkriegszeit mal wieder elegant ausgespart hatten. »Was war denn die Frage?«, kommt Jana nochmal auf die Klausur zurück. »Irgendwas, ob die zwei gleich stark sind«, murmelt Tobi. »Gleich stark?«, wiederholt Jana verständnislos. Dann sagt sie nichts mehr. Egal. Jetzt lieber schnell einen Wodka-O trinken. »Kann Isabell uns nicht reinschleusen?«, fragt sie in die Runde. »Die hat ihr Pulver bestimmt schon für ihre Clique verschossen«, entgegnet Jan. Gemeint sind Alexa, Sophia, Tim, Richard und Michael. »Ja, meint ihr, die sind schon drin?«, fragt Dani. Eigentlich gehört sie auch zu dieser Clique, aber seit sie mit Jan zusammen ist, geht sie mehr und mehr mit seinen Leuten feiern. Zum Leidwesen von Jana und Co., denen Danis Getue immer mal wieder auf den Nerv geht. »Die ist halt so 'ne Süße, so ein Pferdemädchen eben«, erklärt Rike ihre Antipathie.

Besagte fünf sitzen noch im Café nebenan. Schon vor zwei Stunden haben sie sich dort getroffen, um vor der großen Party noch ein bisschen in Ruhe zu quatschen. Tim erzählt, dass ihn eine Frage in der Bioklausur völlig aus der Bahn geworfen habe, Alexa schwärmt von ihrer intelligenten Mathe-Herleitung, bis Sophia ganz blass und ruhig wird angesichts des richtigen Lösungsweges. »Ich hab das ganz anders gemacht«, sagt sie, als sie sieht, wie Alexa ihr auf einem Blatt Papier etwas vorrechnet. Ein falsches Ergebnis, der falsche Rechenweg und sogar eine falsche Formel benutzt – das gibt keine Punkte. Mathe ist schon seit jeher Sophias Angstfach gewesen, meistens hat sie sich auf eine Vier retten können, aber Fünfen waren auch schon dabei gewesen. »Als wir anfingen, mit unnatürlichen Zahlen zu rechnen, hat's bei mir aufgehört«, sagte sie. »Dieser ganze Mist mit diesen Variablen geht mir auf die Nerven.« Die anderen lachen. »Mein Nachhilfelehrer rafft die Aufgaben, die wir machen, selbst nicht, und der studiert das«, legt Sophia nochmal nach. Aber sie weiß selbst, dass ihr die Antipathie, die sie gegen die »unfähige« Mathelehrerin schürt, auch nicht weiterhilft. Zwar sind ihre Eltern auf ihrer Seite, finden, die Frau müsse irgendetwas falsch machen, wenn ihre Tochter den Stoff nicht verstehe und vierzig Prozent der Schüler dieser Klasse Nachhilfe nähmen – aber an der Note ändert das auch nichts. »Und die Arbeitgeber später sehen dem Zeugnis ja nicht an, dass die Frau gaga war«, sagt Sophia. Ihre schlechte Laune ändert sich nicht mehr. Nicht beim Nachschminken auf der Toilette, nicht mit alkoholisierter Limo in der Schlange, nicht im Club.

Dort ist es heiß. Das Licht ist dunkelrot bis violett, die Luft ist dicht und feucht. Die Bässe wummern durch die künstlichen Nebelschwaden. Es riecht säuerlich. Dicht gedrängt stehen junge Menschen an der Bar, nackte Arme berühren sich. An der Theke vermischen sich der Geruch von Alkohol und Schweiß. Isabell hantiert mit Hochprozentigem. Vor ihr stehen dicht aneinander zwanzig Hartplastikbecher, alle sind halb gefüllt mit Cola, Isabell fährt mit der Rumflasche über die Reihe. Überall zwei Sekunden verweilen, dann über den nächsten Becher schwenken. »Mach mir mal was mehr Rum rein«, fordert Alexa. Sie will schneller betrunken werden und dabei nicht mehr Flüssigkeit zu sich nehmen als nötig. Zur Erklärung lehnt sie leicht den Kopf nach vorne und deutet mit den Augen an sich herab. Zu der blauen Jeans und den braunen Stiefeln trägt sie ein braunes, enges Top mit Spitze im Dekolleté. »Ich will keinen fetten Wasserbauch hier rumtragen«, erklärt sie dann doch noch für alle, die ihre Blicke nicht deuten konnten. Cola bläht auf, sie müsse dann ständig auf die Toilette, und außerdem wolle sie Kalorien nicht auch noch trinkend zu sich nehmen. Sophia ordert jetzt auch eine Sondermischung. Vor allem gegen die miese Laune. Isabell nickt gestresst rüber.

An Flatrate-Abenden ist sie immer schwer gefragt. Besonders die jungen Männer starren sie verklärt an. Eine hübsche junge Frau in engem T-Shirt, die stets eine volle Flasche Alkohol in der Hand hält und damit schwungvoll operiert, das ist ein Bild, wie es geradewegs ihrer Fantasie entsprungen sein könnte. »Ja, ist geil«, bestätigt Tim. »Fast so geil wie eine Frau mit Waffe«, sagt er noch und grinst zu Isabell über den Tresen. Sie merkt, dass über sie gesprochen wird, und blickt fragend rüber. Statt einer Antwort bekommt sie von Tim ein Zwinkern. Er lehnt an der Theke, hält den Plastikbecher in der Hand, als handele es sich um ein Glas mit teurem Whisky. Er trägt ein weißes Hemd, braune Lederschuhe und eine weite hellblaue Hose, die ein Gürtel auf Höhe der Hüftknochen fixiert. Sophia hatte von ihrem One-Night-Stand mit ihm in der Silvesternacht so einiges erzählt, aber ein Detail hatte die Freundinnen besonders amüsiert: Tim müsse seine Hose nicht aufknöpfen oder den Reißverschluss runterziehen, er löse lediglich den Gürtel und stehe in Boxershorts da. »Sehr sexy«, hatte sie noch hinzugefügt. Tim ist der Stufenschwarm. Keine Abistufe ohne jemanden wie ihn. Er sieht gut aus und hat eine unfassbar große Klappe – aber trotzdem gute Noten. Wann er sich die erarbeitet, weiß niemand.

Probleme, Misserfolg und Antipathie sollte er möglichst nicht erfahren. Schon im Kindergarten haben seine Eltern den Betreuerinnen kleine Geschenke gemacht, um für eine positive Grundstimmung zu sorgen. Wenn er Strafarbeiten aufgebrummt bekam, ließen die Eltern ihn davon befreien. Sie haben versucht, ihren Sohn zu einem selbstbewussten Menschen zu erziehen. So wie die meisten Eltern der Baby-Boomer-Generation, wie die heute 40- bis 60-Jährigen in den USA bezeichnet werden. Sie haben für die Erziehung ihrer Kinder andere Ziele formuliert als noch ihre Eltern: Eigenständigkeit statt Gehorsam und Selbstbewusstsein statt Demut. Das merkt man ihren Kindern an. Knapp siebzig Prozent der Achtzehn- bis Zwanzigjährigen sind sehr selbstsicher, stimmen der Aussage zu: »Ich kenne meine Stärken ganz genau«, so das Ergebnis einer Bertelsmann-Umfrage.

Tim kokettiert: Seine Eltern seien so nett, da würde das pubertäre Reiben und Abstoßen zum kreativen Kraftakt. Seine Austicker, wie er sie nennt, sind kalkulierte Reaktionen auf ein Luxusproblem. Wenn er sich heute volllaufen lässt, dann nur weil ihm kein Grund eingefallen ist, der dagegen spräche. »Ich hab genug Taxigeld, ich hab morgen kein Training, ich nehm heute alles mit«, verkündet er.

Nach und nach sammeln sich immer mehr aus der Stufe an der Bar bei Isabell. Sie haben das Heftigste hinter sich: Vier mehrstündige Klausuren, die darüber entscheiden, wie sie vorbenotet werden und ob sie später in die Nachprüfung müssen. Außerdem machen auch diese Klausurergebnisse einen Teil der Abschlussnote aus. Auch Isabell hat sich viel vorgenommen – einen Notendurchschnitt unterhalb der magischen Grenze von 1,5, den braucht sie, um im Herbst Jura zu studieren. Trotz dieses Ehrgeizes hat sie ihren Job als Thekenkraft auch während der Prüfungsphase nicht aufgegeben. Gerade da sei er ihr besonders wichtig, brüllt sie gegen die Bässe an. Einmal die Woche eine Nacht ein anderer Mensch sein. Eigentlich habe sie im vergangenen Jahr bloß hier angefangen, weil sie keinen normalen Kellnerjob gefunden habe. Jetzt komme sie nicht mehr vom Schlampe-Spielen los. Am nächsten Tag sei sie ja wieder die brave Tochter. »Wenn meine Eltern allerdings wüssten, dass wir hier manchmal nachts auf der Theke tanzen, würden sie ausrasten«, sagt sie und grinst schelmisch wie eine Sechsjährige, die auf den Baum im Garten geklettert ist, obwohl sie das nicht soll.

Sie könne doch mehr Taschengeld bekommen, sie müsse doch nicht arbeiten, schon gar nicht in der Abiturphase, haben die Eltern ihr angeboten. Isabell will aber. Hier lebt sie aus, was sie eigentlich nicht sein dürfte. Hier entflieht sie dem Druck. Hier vergisst sie, was alles von ihr verlangt wird und was – noch viel wichtiger – sie von sich selbst verlangt: gute Noten, einen schlanken Körper, ein gutes Staatsexamen und eine ordentliche Familie. Dass sie Kinder kriegen und eine gute Liebhaberin sein soll, nebenbei noch erfolgreich sein und bei allem gut gekleidet. Zwischendurch nippt sie immer mal wieder selbst aus einem Plastikbecher Cola-Rum. Wenn sie hier ist, will sie die Kontrolle mal abgeben und die gute Erziehung zu Hause lassen. Wo sie herkommt, da lernt man nur, sich zu benehmen. Den Mut, sich mal ein bisschen danebenzubenehmen, muss sie sich erst antrinken. Bei einem Großteil dieser Abschlussklasse ist das genauso. Sie wollen hin und wieder mal ausbrechen aus ihrem Heile-Welt-Alltag inmitten von engagierten Pädagogen und liebevollen Eltern: Sie haben Geschwister oder einen Hund, leben im Grünen mit Mama-Shuttle-Service in die Stadt oder haben einen eigenen Wagen, sie können jederzeit Freunde mit nach Hause bringen. »Mir ist es lieber, sie sind bei uns, als dass sie irgendwo auf der Straße rumhängen«, sagt Tims Mutter und nimmt gerne in Kauf, dass ein Dutzend lärmender neunzehnjähriger Kerle ihr Haus stürmt. »Überbehütung« nennt Tim das. »Verunsichernd« nennt es Stephan Grünewald vom Institut rheingold. Interviews mit Jugendlichen hätten gezeigt, dass die sich von ihren Eltern klare Standpunkte wünschen – nicht, um diesen Positionen zu folgen, sondern um eigene Gegenpositionen entwickeln zu können.

Und das wird zunehmend schwieriger, wenn Eltern alles verstehen. Provozieren ginge kaum noch, selbst wenn man mal Lust drauf hätte, erklärt Alexa. Ihre Mutter schimpfe nicht mal, wenn sie zwei Nächte nicht nach Hause komme – solange sie nur Bescheid sage. Alles ist o. k., wenn man nur vorher drüber redet. Die Eltern klopfen an, wenn sie ins Zimmer wollen. Sie füllen den Kühlschrank, zahlen ständig für neue Klamotten und schimpfen nicht mal, wenn man es für überteuerte Markensachen ausgibt. Da bringt man für 120 Euro eine Jeans im used look mit nach Hause, die aussieht, als habe ein sizilianischer Hafenarbeiter sie schon jahrzehntelang getragen, und Mama findet es klasse. Kauft sie sich womöglich auch. Die Zeiten, in denen man mit ein bisschen Rockmusik und Lederjacke zu Hause Proteststürme auslösen konnte, sind vorbei. Auch bunte Haare ziehen längst nicht mehr. Da muss man schon fast die volle Britney-Spears-Nummer durchziehen, um mal ein bisschen anzuecken: Glatze rasieren, besoffen Auto fahren und Kleinkinder fallen lassen. Und das ist die Sache nicht wert. Und wer weiß, am Ende verstünden ihre Eltern sogar das.

Auflehnungspotenzial ist weit und breit nicht in Sicht. Aber den Wunsch, mal auszubrechen – wohlgemerkt nicht aus einem strengen Elternhaus, sondern aus der Harmonie –, teilen Tim und Isabell mit vielen anderen Jugendlichen ihrer Generation. Erklärtes Ziel jedes Partyabends ist deshalb, möglichst weit über die Stränge zu schlagen – ein paar Tabus brechen, was erleben. Der Alkohol hilft ihnen dabei. Am Ende des Abends lehnen die Abiturienten wackelig an der Wand, quatschen, die Wangen gerötet, die Augen müde. Kaum jemand hat getanzt. Vier Stunden lang haben sie bei Isabell jedes leere Glas gleich gegen ein volles eingetauscht. Dass sie auf Flatrate-Partys mehr trinken als sonst, das geben sie alle zu. »Man will das Geld ja auch wieder reinholen«, erklärt Tim. »Aber eigentlich gehen wir relativ selten hierher«, fügt Michael hinzu. Nur wenn sie sich alle betrinken wollten. Wenn sie sich einen Abend Hemmungslosigkeit verdient hätten. So wie heute.

Die Eltern schockt nicht mal das besonders. Alkohol wird gesellschaftlich toleriert. Wer nicht trinkt, fällt auf. »Lieber mal ein Bier zu viel, als dass sie mit Drogen anfangen«, sagt Michaels Mutter. Diese Einstellung teilen die meisten Eltern. Und die Kinder halten sich dran. Gekifft wird hin und wieder mal, Max hat einen kleinen Anbau in seinem Badezimmer, aber die Ergebnisse sind eher mager. Manchmal besorgt Jan was von seinem Nachbarn und geht sonntags bei Max vorbei. Dann gucken sie einen Spielfilm und rauchen ein paar Joints. Das war's. Alexa erzählt immer wieder von ihrem Koks-Erlebnis mit sechzehn, als sie noch in Wiesbaden gelebt hat. Auch Sara hat vor einiger Zeit auf dem Klo eines Kölner Clubs mal Kokain probiert. Aber das sind Ausnahmen. Selbst die Zeit, in der Pilze im Umlauf waren, ist schnell wieder vorbeigegangen. Alkohol ist und bleibt die Nummer eins. Über die Hälfte der Achtzehn- bis Fünfundzwanzigjährigen trinkt regelmäßig, so die Shell-Studie. Nur neun Prozent dieser Altersgruppe gibt an, nie zu trinken. Sogar unter den Fünfzehn- bis Siebzehnjährigen ist Alkoholkonsum normal. Zwei Drittel von ihnen trinken regelmäßig Bier und gelegentlich Spirituosen. Vor fünf Jahren waren es nur dreiundfünfzig Prozent, so das Ergebnis der Europäischen Schülerstudie zu Alkohol und anderen Drogen aus dem Jahr 2007.

Die Dämonisierung – auch leichter – Drogen seitens der Eltern hat dazu geführt, dass Gespräche über Alkohol gar nicht erst stattfanden. Erst als vor zwei Jahren Berichte über das Komasaufen durch die Medien geisterten und junge Menschen, wohlgemerkt Gymnasiasten, im Krankenhaus lagen und mit dem Tod rangen – da nahm man plötzlich Notiz. Nur Sara kennt die Situation, einem Elternteil gegenüberzustehen und über Alkohol reden zu müssen. Ihr Vater hatte sie schon vor drei oder vier Jahren mal beiseitegenommen, nachdem er am

Abend vorher ihren bittersüßen Alkopops-Atem bemerkt hatte. Sie würde doch wohl nicht trinken, sie wisse doch, dass sie das nicht dürfe, dass sie das zudem willenlos und dümmlich wirken lasse. Sie hatte genickt und war in ihr Zimmer gegangen. Seitdem benutzt sie Atemspray, wenn sie noch nach Hause geht, meistens aber übernachtet sie am Wochenende bei einer Freundin – um unabhängig zu sein. So auch heute.

Tief dekolletiert sitzt sie auf einem Hocker an der Bar, vor ihr ein Glas Wodka-O. Ihr Blick wirkt schwerfällig unter den getuschten Wimpern. Der Bass dröhnt, die Stuhlbeine vibrieren. Neben ihr sitzt Jana. Auch sie stützt die Unterarme auf dem klebrigen Tresen ab und gibt den Blick in ihren BH frei. Isabell, die ihnen gegenüber immer noch mit Flaschen und Plastikbechern beschäftigt ist, lächelt zu den beiden rüber. »Zieht mal eure Tops hoch, ihr bitches, ich sehe eure Titten«, lacht sie. Die beiden reagieren mit Verzögerung, ungelenk fassen sie sich vor die Brust, ziehen den Stoff nach oben, ohne dabei ihr Gespräch zu unterbrechen. »Ich fänd's halt nervig, wenn wir denselben Scheiß nochmal machen würden wie die anderen im letzten Jahr«, sagt Sara. Jana nickt, auch sie hat keine Lust, einen Abi-Gag zu organisieren, der genauso abläuft wie immer: Wasserpistolen, Lehrer zu dümmlichen Spielen zwingen und die Kleinen nötigen, sich den Mist auch noch anzuschauen. »Die aus der Unterstufe finden das ja vielleicht sogar noch ganz witzig, aber die Älteren, die hoffen doch eigentlich nur, dass sie freikriegen«, fügt Jana hinzu. Schon seit zwei Wochen streiten sie im Organisationsteam, wie sie den Abistreich anlegen. Die Jungs wollen sich mehrheitlich an den Lehrern rächen und sie körperlich fordern. Schon die abenteuerlichsten Ideen für einen Parcours haben die Runde gemacht. Sogar von einem Wassergraben und einer Todeszone, in der die Lehrer mit Soft-Air-

Waffen beschossen werden sollten, war die Rede gewesen. »Nachher stellen die auf dem Schulhof einen Marterpfahl auf«, lacht Jana. Sie und die anderen Mädchen halten nichts von hinterhältigen Hindernisläufen. Sie wollen ein Quiz im Stil von »Wer wird Millionär« aufziehen, damit das Ganze nicht in eine Art Kindergeburtstag ausartet. »Kommt mal rüber, Jan«, brüllt Sara in den rötlichen Nebel. Jan und Dani kommen zur Bar. »Sag mal, kannst du deinen Kumpels nicht mal sagen, dass die Sache mit dem Parcours total peinlich ist und dass wir ein Quiz machen. Schluss. Ende. Aus«, sagt Sara. Das ist keine Frage. Jan kichert besoffen, Krankenschwester Dani sieht ihn besorgt an. »Ja, ist ja o. k.«, nuschelt Jan und torkelt wieder in seinen Sessel und zu seinem Drink zurück.

An diesem Abend haben sie ihr Etappenziel erreicht. Die Jungs lassen von ihrem Ballerspielszenario ab, und die Mädchen widmen sich wieder dem eigentlichen Vorhaben für diesen Abend. Wieder greifen sie sich vor die Brust, diesmal ziehen sie den Stoff nach unten. »Hast du irgendwas Gutes gesehen?«, fragt Jana. Sara scannt die Reihen. »Bisher nicht«, entgegnet sie. Rike und Nanette sind auch dazugekommen. Nanette deutet mit dem Zeigefinger in den dunklen Schlauch, der zum Ausgang führt. »Der Typ an der Kasse ist ganz süß«, sagt sie. Die anderen lachen. »Der ist aber schon 40«, bemerkt Sara gespielt mütterlich. »Guckt euch mal Tim an«, sagt Jana. Die anderen drei Mädels drehen sich Richtung Tanzfläche. Es läuft Rihannas »Umbrella«, ein Lied, das sie im Sommer zuvor gehört haben, als es neu war und überall hoch und runter lief. Tim tanzt, zappelig und ungelenk, fixiert mit den Augen eine ihm gegenüber tanzende Blondine und verschüttet dabei seinen Drink. Alexa tanzt daneben eng mit einem großen Dunkelhäutigen, von dem sie noch wochenlang behaupten wird, er sei ein bekannter Basketballspieler gewesen, der nicht erkannt werden wollte. Sogar Dennis und Tobi haben trotz ihres Pegels zwei junge Frauen dazu bekommen, sich mit ihnen zu beschäftigen. Die Mühe, die sie haben, bei der Unterhaltung aufmerksam und respektvoll rüberzukommen, sieht man ihnen an. Ihre Gesprächspartnerinnen – die eine mit blondem Haarteil, die andere mit Playboy-Häschen vor der Brust – kichern. In einem orangefarbenen Sessel daneben liegen Dani und Jan und knutschen. Jans Hände haben sich unter Danis Top geschoben und kneten ihre Brüste. »Oh Mann, sind die alle geil. Wenn ich das so sehe, will ich auch«, sagt Sara. Die Freundinnen lachen. »Jetzt geht's wieder los«, verkünden sie einstimmig. Die Sara-Show beginnt.

Sie kennen den Ablauf schon. Die junge Tunesierin stürzt sich ins Gemenge und kehrt erst zurück, wenn sie einen annehmbaren Typ ausgemacht hat. »Viel Glück«, ruft Nanette noch. »Die braucht kein Glück«, konstatiert Jana, während sie beide ihrer Freundin hinterherschauen. Die trägt eine enge schwarze Hose, darunter offenbar nichts, zumindest zeichnet sich weder ein String unter der Hose ab noch ein Slip. Obenrum trägt sie eine fliederfarbene Seidenbluse, ohne Ärmel. Ihre braunen Haare fallen gelockt über die nackten Schultern. »Ich geb ihr zehn Minuten«, sagt Jana. »Sie braucht zwanzig, weil's schon so leer ist heute«, entgegnet Rike. Die Wette gilt.

Inständig hoffen sie, dass Sara schnell mit einem geilen Typen bei ihnen aufkreuzen wird. Sex entscheidet über das Gelingen des Abends. Bei den Mädels nicht im persönlichen Sinne, wie bei den Jungs. Sondern im kollektiven. Abende, an denen eine von ihnen mit jemandem rumknutscht, sich beim Tanzen an einem Typ halb zum Orgasmus reibt oder womöglich mit einem Fremden nach Hause geht – diese Abende gelten als die besten. Noch heute erinnern sich Jana, Nanette und Rike an die Best-of-Geschichten ihrer gemeinsamen Sexualisierung. Sie erzählen sich von dieser total abgefahrenen Nacht, als Jana in ein und derselben Bar mit zwei Typen rumgeknutscht hat, von der Nacht, als sie mit zwei Geografie-Studenten in deren Wohnheim gegangen sind und dort zu viert rumgemacht haben. »Weißt du noch, wie die geguckt haben? Das war so geil, die konnten es nicht fassen«, sagt Rike immer, wenn sie über dieses Erlebnis reden. Eine weitere Anekdote kann Jana kaum erzählen, ohne dass sie einen Lachkrampf bekommt. »Da waren wir mit ein paar anderen in Ungarn im Urlaub. Wir hatten alle ein Zelt zusammen. An einem Abend sind wir alle weggegangen auf eine Strandparty. Ich wollte mir ein Bier holen und hab die nicht wiedergefunden danach. Handy haben die nicht gehört. Dann bin ich zurück zum Zelt gegangen, weil ich dachte, die kommen mich da suchen. Kam aber keiner, da bin ich eingeschlafen.« Schon jetzt fängt Rike an zu prusten und versteckt ihr Gesicht hinter ihren Händen. Jana erzählt weiter: »Ja, irgendwann in der Nacht wache ich dann auf, wühle meinen Kopf aus dem Schlafsack und drehe mich um. Was muss ich da sehen?« Sie stockt kurz. »Unsere liebe Rike, wie sie irgendeinem Briten einen bläst«, beendet Jana. Sogar Sara, bekannt für spektakuläre Aktionen, musste lachen, nachdem sie die Geschichte das erste Mal gehört hatte. »Wie geil ist das denn? Rike, du bist ja hart«, hatte sie gesagt.

Wer etwas Ausgefallenes und Verrücktes anstellte, der kann sich sicher sein, für einige Wochen das Gesprächsthema zu sein. Und, sofern die Story unter den Mädchen bleibt, nicht als Schlampe, sondern als coole Sau dazustehen. Sex an den unmöglichsten Orten mit dem unmöglichsten Alkoholpegel – das ist es, was mutige und aufgeklärte junge Frauen machen. Das bezeichnen sie als emanzipiert. Dani erzählt, dass sie bei Jan und seinen Kumpels eine Unterhaltung mitbekommen hat, in der es um Sex ging. Die sei irgendwie merkwürdig abgelaufen. Der eine habe den anderen gefragt, ob bei ihm im Moment was laufe, der andere habe den Kopf geschüttelt. Das war's. Und wenn der eine den anderen nach der Stellung frage, ob oral, anal oder normal, dann sei das fast schon ein intimes Gespräch. Mehr Infos würden da nicht ausgetauscht. Keine Details. »Gott sei Dank«, hatte Dani am Ende ihres Berichts aus der fremden Welt noch hinzugefügt. Bei ihnen sei das anders. Alles werde bis ins Letzte besprochen. Und je nachdem, wie ungewöhnlich es gewesen sei – immer und immer wieder.

Auch jetzt würde eine abgedrehte Aktion den Abend irgendwie abrunden. Veredeln. Es wäre dann kein normaler Abend mehr, an dem sie alle einfach nur ein bisschen zu viel getrunken haben. Der Abend würde sich abheben. Als Vorbild für einen gelungenen Feierabend gelten prominente Abstürze. Wie richtige Partys auszusehen haben, das führen Amy Winehouse, Kate Moss oder Lindsay Lohan vor. Wenn die im Morgengrauen die angesagten Clubs von London oder New York verlassen, dann tragen sie ihre Röcke als Oberteile oder haben mit einer unbekannten Blondine, die hinter ihnen in die Limousine stolpert, komplett die Garderobe getauscht. Und dass die Abiturienten ihre eigenen Partyabende mit Fotos im Paparazzostil dokumentieren, ist auch kein Zufall. Alexa mit hochgerutschtem Top in einem Sessel liegend, Rike mit aufgerissenem Mund und verschmiertem Lidstrich und Tim, der sich an der Wand festhält und mit der anderen Hand das Glas zum Mund führt. Fotos, die man am nächsten Tag in einem der Netzwerke online stellen kann, frei nach dem Motto: »Schaut mal alle her, was für unkontrollierte und abgefahrene Nächte wir erleben.«

Aber Sara findet keinen Typen mehr an diesem Abend. »Nichts dabei«, konstatiert sie, als sie von ihrem Rundgang zurückkommt. Und sie fügt noch hinzu: »Für alle anderen bin ich noch nicht blau genug.« Zum Glück ist Tim da. Er sorgt für eine Ersatzstory. Schließlich will man ja später niemandem von einer lahmen Vorabi-Party berichten müssen. So wird es nicht der Abend, an dem Sara mit irgendjemandem rumgemacht hat, sondern der, an dem Tim in die Sparkasse gekotzt hat. Auch gut.

5 Nullstelle verzweifelt gesucht

Die allerletzte Mathestunde vor dem Abitur

Hurra!!! ... ach ne, doch nicht.

91 285 Mitglieder

Dieses durchdringende Schellen hat sie jetzt dreizehn Jahre begleitet. Bedeutet hat es all die Jahre dasselbe: Die Stunde beginnt oder die Stunde endet. Tag für Tag hat das Schellen ihren Tag in Einheiten eingeteilt. Mathe um acht, dann Französisch, Bio, Geschichte, Sport in der Fünften und dann nochmal mit verschwitztem Rücken in den Physikraum. Heute schellt es für sie zum letzten Mal. Der Mathe-Grundkurs steht vor dem Raum, in dem heute die Mathestunde stattfindet. Dort, wo sie die vergangenen Jahre gesessen und sich mit Vektorfunktionen gequält hatten, wird schon renoviert. Der ganze Trakt wird gestrichen, in einem angenehmen Pastellgelb. Sie mussten ihre Mathestunden noch zwischen beschmierten Wänden verbringen. »Ach, irgendwie werde ich diesen ekelhaften Flur vermissen«, sagt Sophia, nachdem sie sich alle darüber aufgeregt haben, dass er jetzt, da sie bald weg sein würden, neu hergerichtet wird. Sophia wird an diesem Abend in einer E-Mail an eine gute Freundin schreiben: »Irgendwie hatte ich immer das Gefühl, dass man zwar Abi macht, aber dass der Rest einfach bleibt, wie er war. Man geht weiterhin feiern, hat sein Zimmer, seine Eltern, nur man geht nicht mehr zur Schule, sondern zur Uni. Sonst bleibt es irgendwie gleich. Aber alles ändert sich plötzlich. Jetzt renovieren sie auch noch unsere Schule. Alles so, wie wir es kennen, ist dann weg. Wir sind halt nur ein Jahrgang, und niemand erinnert sich später noch an uns. Ach, keine Ahnung. Und irgendwie gehen doch einige weg. Zum Studieren oder Zivi oder machen irgendwas im Ausland. Also ich denke, dass man einige Menschen nie wiedersieht nachher, und das ist echt krass. Auf einmal ging alles so schnell. Ich kann es noch gar nicht fassen alles.«

Dieses Gefühl der Zerrissenheit begleitet sie alle. Seit Wochen freuen sie sich auf das Abitur, vor allem aber auf die Zeit danach, auf die Partys. Aber je näher der Tag der Klausuren rückt, desto mehr mischt sich Wehmut dazu. Und Angst. Es kommt ihnen vor, als hätten sie erst vor ein paar Tagen die Vorabiklausuren geschrieben. Als hätten sie gerade erst die Generalprobe durchgespielt, und jetzt, ein paar Augenblicke später, soll das Stück gleich auf die ganz große Bühne. »Ich bin mental noch gar nicht so weit«, sagt Tobi. Vor allem ist er mit dem Lernstoff noch nicht so weit. Dennis nickt ihm zu. Mathe ist auch seine große Schwachstelle. Deutsch kann er zwar auch nicht leiden, aber irgendwie hatte es immer für eine Drei oder Vier gereicht.

Tobi erzählt gern die Anekdote von der Deutscharbeit, die selbst seine Eltern für schlecht befunden hätten. In einer Klausur zum Thema deutsche Exilliteratur habe er die eher unspektakuläre These aufgestellt, dass die Autoren ausgewandert seien, weil sie sich nicht mit dem Regime identifizieren konnten. Mit dieser Banalität habe er fünf Seiten gefüllt und für diese Teilaufgabe eine Zwei plus bekommen. »Sehr gut« habe seine Lehrerin ans Ende seiner Ausführungen mit rotem Kuli geschrieben. Beim Abendessen habe sich dann die ganze Familie – Tobi eingeschlossen – über seine große Analyse und die gute Benotung kaputtgelacht. »In Deutsch kannst du halt rumlabern, irgendwas gefällt der Lehrerin dann meistens doch, und dann hast du schon mal keine Fünf«, so seine Erklärung. In Mathe kann nicht gelabert werden. »Zahlen sind gnadenloser«, bemerkt Dennis. In der letzten Klausur hatte er eine Vier minus, Tobi eine glatte Fünf. Keine guten Vorzeichen. Zumal in der Vorabiklausur ein Querschnitt von dem drankam, was sie auch im Abitur erwartet. Dieselben Themen: Analysis, Stochastik, Vektorrechnung. Und alles baut auf ganz einfachen Rechnungen auf, die man in der Mittelstufe gemacht hat. Und die saßen halt auch nie richtig.

Die Lehrerin kommt, lächelt, in der linken Hand hält sie einen Schlüsselbund. Sie wackelt mit der Hand, so dass die Schlüssel immer wieder gegen ihre Handflächen schlagen. »Ach du Scheiße, die hat wieder so eine ekelhaft gute Laune«, flüstert Alexa. Ganz im Gegensatz zu ihnen. Sie alle sind im Schnitt um einiges schlechter weggekommen bei der letzten Klausur als der andere Mathekurs. Die Schuldige dafür haben sie längst ausgemacht: »Die Frau kann nicht erklären, die hat den Beruf verfehlt«, meckert Sophia. Die Lehrerin weiß, wie es ihren Schülern heute geht: »Mein Fach ist seit jeher ein Stolperstein auf dem Weg zum guten Abi. Und die Aggression über nicht verstandenen Lernstoff lassen sie ganz gern mal an mir aus«, sagt sie lächelnd. Sie weiß, dass an diesem Tag der Druck besonders stark auf den Schultern ihrer Schüler lastet. Was sie jetzt nicht verstehen, jetzt nicht fragen, das bleibt ungeklärt – vermutlich für immer. »Das ist seit Jahren das Gleiche: Diese Stunden vorm Abi sind sehr anstrengend, und man ärgert sich dann auch mal über Schüler, die plötzlich verlangen, dass alles nochmal wiederholt wird.«

Genau das ist auch Michaels Sorge. Mathe ist sein Lieblingsfach, noch heute ärgert er sich, dass er sich damals den Leistungskurs nicht zugetraut hat. Bei ihm geht es nicht ums Durchkommen, bei ihm geht es um jeden Punkt. Lieber vierzehn als elf. Und diese ständigen Wiederholungen seit zwei Wochen gehen ihm total auf die Nerven. Schon als er sieht, was die Lehrerin an die Tafel schreibt, stöhnt er auf. Kurvendiskussion – schon wieder wird Basiswissen aufgewärmt.

$$f(x) = 2x - x\ln \tfrac{1}{3} x$$

Darunter steht in der geschwungenen Schrift der Lehrerin auf verschmiertem Untergrund: »Gesucht: Nullstelle«. Einige wenden sich ab, beginnen untereinander, andere, schwierigere Aufgaben und deren Lösungswege zu besprechen. Tobi, Dennis und ein paar andere sind hoch konzentriert. Jetzt bloß gut aufpassen und alles mitschreiben. Falls man es nicht begreift, dann hat man sich wenigstens die Standardlösung zum Auswendiglernen gesichert. »Wie gehen wir jetzt vor?«, fragt die Lehrerin, um dann noch ermahnend hinzuzufügen, »die Frage richtet sich auch an die, die meinen, sie könnten schon alles.« Keiner meldet sich. Die Lehrerin schaut Dennis eindringlich an, will ihn motivieren, es zu versuchen. Er gibt den Blicken nach. »Ja, erst mal die Funktion gleich null setzen und dann hat man die doch schon, oder?«, sagt er. Seine beiden Unterarme liegen auf dem weißen Pult, sein Rücken ist durchgedrückt, die Haltung aufrecht. Wenn sein Körper sprechen könnte, er würde sagen: »Ich gebe mir wirklich Mühe, ich will es verstehen.« Die leichte Sonnenbankbräune, die ihm den Spitznamen »sunshine Dennis« eingebracht hat, ist verschwunden. Vor allem am Hals, wo seine helle Haut auf den Bund des weißen T-Shirts trifft, wird deutlich sichtbar, wie lange er schon nicht mehr unter der Röhre lag. Zu viel Schulstoff musste er nachholen – da bleibt kaum Zeit für seine üblichen Programmpunkte wie weggehen, sonnen, einkaufen, zocken, mit den Kumpels beim Vereinshaus rumhängen. Das Fußballtraining lässt er sich nicht nehmen, aber die zwei Stunden, die er sonst immer dranhängt, um mit den Mitspielern ein paar Kästen Kölsch zu leeren, die sind im Moment nicht drin.

Jetzt meldet sich Stephanie. »Kann man da nicht die Mitternachtsformel nehmen?«, fragt sie. Ein paar Leute lachen. »Was soll denn das sein?«, fragt Alexa herausfordernd. Mit der konzentrierten Arbeitsatmosphäre ist es vorbei. Unruhe kommt auf. Ein paar, die sich schon vorher unsicher fühlten, stöhnen jetzt auf. »Na toll, Stephanie, kennst du noch mehr Begriffe, mit denen du uns in der letzten Stunde vorm Abi verunsichern könntest? Tu dir keinen Zwang an.« Ein paar Schüler klatschen. Andere bitten die Lehrerin, nochmal alles von Anfang an zu erklären, weil sie Stephanies Kommentar »jetzt voll verunsichert« hätte. Stephanie beugt sich nach vorne und lässt ihren Oberkörper aufs Pult sacken. »Ich raffe es nicht mehr«, sagt sie zu Atina. Die nickt nur. Sie hat heute noch drei Stunden Nachhilfe und spart sich ihre Kräfte dafür auf. Michael stöhnt wieder auf, ihm ist das zu öde. Die drei Fragen, die er sich noch notiert hat, will er der Lehrerin nach der Stunde stellen. Sophia lässt sich den Lösungsweg von Alexa erklären und versucht sich dann selbst an einer Aufgabe. Alexa schaut geduldig zu, dann berichtigt sie. Sophia atmet laut aus, sie ist den Tränen nahe, es sind nur noch zehn Tage zur Klausur, und immer wieder kommt sie zu falschen Ergebnissen. Noch schlimmer: Sie weiß nicht mal so richtig, was sie da ausrechnet.

Tobi geht es genauso. »Ich habe keinen Plan, welche Variable wofür steht«, sagt er. Die Lehrerin versteht sein Problem nicht. »Na ja, ich weiß nicht, was ich da ausrechne, eine Fläche, eine Strecke, eine Zeitspanne. Was will ich da denn überhaupt rauskriegen, wofür ist diese Rechnung gut, wofür braucht man die?« Michael hält es jetzt nicht mehr aus: »Tobi, mal ehrlich, ist doch scheißegal, ob wir die nochmal brauchen im Leben oder nicht, wir müssen sie können, o. k.?« »Das mein ich gar nicht, ich will mir nur was drunter vorstellen können, ein Bild dazu im Kopf haben. Damit es nicht mehr so abstrakt ist.« Michael nickt versöhnlich rüber. »Missverständnis, sorry«, nuschelt er. Auch die Lehrerin nickt jetzt, dreht sich um und schreibt eine Aufgabe an die Tafel. Der Geräuschpegel steigt wieder. Aber die Lehrerin sorgt für Ruhe. Tobi hat sich immer bemüht, ist fast immer da gewesen, meistens mit Hausaufgaben. Seine Frage nimmt sie ernst. Die will sie klären – mit Hilfe einer Textaufgabe. Nichts ist verhasster bei den Schülern.

Durch die Funktion f mit $f(t) = 0{,}02\, t^2 \times e^{-0{,}1 \times t}$ *wird das Wachstum einer Fichte in Abhängigkeit von der Zeit t (gemessen in Jahren) beschrieben. Dabei gibt* $f(t)$ *nicht die Höhe, sondern die Wachstumsgeschwindigkeit in Metern pro Jahr (zum Zeitpunkt t) an. Zum Zeitpunkt* $t = 0$ *hat eine frisch eingepflanzte Fichte eine Höhe von ca. 20 cm. Berechnen Sie den Funktionswert von f an der Stelle* $t = 30$.

»Wie schnell wächst die Fichte mit 30 Jahren?«, fragt die Lehrerin zusammenfassend.

Die Schüler quatschen, sind sich einig, dass sie gleich ein leeres Blatt abgeben könnten, wenn so etwas drankomme im Abitur. Die Lehrerin reagiert zum ersten Mal genervt. Dies sei eine Abituraufgabe aus dem vergangenen Jahr, und es sei klug, jetzt bei deren Lösung aufzupassen, denn es sei gut möglich, dass sie auch so eine vorgesetzt bekämen. Es wird ruhiger. Die Lehrerin hat offenbar die richtige Karte gespielt. Aufgaben, von denen man weiß, dass sie so oder ähnlich drankommen könnten, sind immer beliebt. »Da kann man sich einbilden, dass man sie nur auswendig lernen muss und die Zahlen eventuell abändern und man dann die Sache lösen kann«, erklärt Sophia später. Jetzt sind alle konzentriert, sie beginnen die Aufgabe von der Tafel abzuschreiben. Die Lehrerin wartet ab, bis alle ihre Stifte wieder ablegen. Dann setzt sie wieder an. Einige stöhnen wieder: »Was, es geht noch weiter?«, fragt Stephanie gestresst. Die Lehrerin spricht den nächsten Rechenschritt beim Anschreiben laut und deutlich mit. »Bestimmen Sie rechnerisch das Alter, in dem die Fichte am stärksten wächst. Geben Sie zudem die größte Wachstumsgeschwindigkeit an. Also, Leute, was sind die Extremstellen?«

Die meisten Schüler beginnen zu rechnen. Andere scheinen eher von einem Fichtenwald zu träumen. Minutenlang ist es ruhig. Dann erlöst die Lehrerin die Unwissenden. Sie beginnt die Lösungswege anzuschreiben und kommt schließlich zu folgendem Ergebnis für Aufgabenteil eins: Eine dreißigjährige Fichte wächst mit einer Geschwindigkeit von etwa 90 cm pro Jahr, genau »0,896 m«. Etwa der Hälfte der anwesenden Schüler huscht ein zufriedenes Lächeln übers Gesicht. Sie haben das auch so. Dann die Lösung für den zweiten Teil: Eine zwanzigjährige Fichte wächst am stärksten, nämlich etwa 1,08 m pro Jahr. Wieder lächeln ein paar. Die anderen suchen ihre Rechenfehler, kontrollieren ihren Graphen. Es schellt. Das war's. Schule für immer vorbei. »Wer meint, er kann alles, kann gehen«, sagt die Lehrerin. Quatschend und kichernd verlassen die meisten den Kursraum. »Wir sind frei«, brüllt einer durch den Gang. Aber es klingt eher trotzig als fröhlich.

Für die Dagebliebenen wird die Lehrerin den Rechenweg noch zweimal durchgehen. Bis schließlich alle wissen, wie man zu den Ergebnissen kommt, sind weitere dreißig Minuten vorüber. Michael sitzt, obwohl er alles richtig gelöst hat, auch noch da. »Ich nehm alles mit, vielleicht taucht ja bei mir noch eine Frage auf beim Besprechen«, sagt Michael pflichtbewusst. Draußen auf der Straße vor der Schule hören sie einige ihrer Mitschüler grölen. »Micha, du Streber, komm runter«, brüllt Tim. Der Deutsch-GK hat auch eben seine letzte Unterrichtsstunde gehabt, und eigentlich sind sie für danach zum Feiern verabredet. »Bier wird warm«, grölt Tim weiter. Michael muss lachen. Aber er steht auf und schließt das gekippte Fenster. Für ein paar Bier die letzte Stunde verpassen – auf keinen Fall. »Saufen kann ich, wenn ich das Abi habe«, sagt er seit Tagen, wenn ihn die anderen anrufen, um ihn zu fragen, ob er abends mit weggeht.

Auch Tobi, Dennis und Sophia sitzen noch im Kursraum. »Haben es jetzt alle verstanden?«, fragt die Lehrerin. Die drei nicken. Sie lächelt, fügt dann aber hinzu, dass das natürlich nur eine Teilaufgabe war. »In der Klausur kommen da natürlich noch vier oder fünf hinterher, und die werden nicht einfacher.« Die Hoffnung schwindet wieder aus den Gesichtern ihrer drei Problemschüler. »Was kriegt man denn, wenn man nur die erste Aufgabe lösen kann?«, fragt Sophia. Auch Dennis und Tobi schauen interessiert auf. »Zumindest keine Sechs mehr«, lautet die Antwort. Da müssen sie noch ein bisschen arbeiten. Ihr aller erklärtes Ziel ist eine Vier. Diese Note brauchen sie, um nicht ums Abi bibbern zu müssen. Heute sieht es so aus, als könnte das eng werden.

Fortsetzung folgt online

Zu Hause setzt sich Sophia gleich an den Schreibtisch, versucht sich an den restlichen Teilaufgaben aus der Mathestunde. Um ihre Ergebnisse zu kontrollieren, sucht sie im Internet nach dem richtigen Lösungsweg. Auch für die anderen Fächer lernen sie und ihre Mitschüler viel mit dem Internet. Seitenweise Referiertes mitschreiben – das kann man sich sparen. Da notiert man sich den Autor oder Urheber der These und liest die sich dann zu Hause in aller Ruhe nochmal durch. Oder man sucht nach einer visuellen Aufbereitung des Themas, etwa auf Blinkx.com, einer Suchmaschine für Videomaterial. Gerade für Geschichte habe er viel damit gelernt, erklärt Max. Selbst Schlagwörter wie »Bismarck« oder »Wirtschaftswunder« fördern zahlreiche Treffer von ganz verschiedenen Seiten hervor. Von YouTube ebenso wie von Fernsehsendern weltweit oder von privaten Seiten. So können die Schüler sich, wann immer sie wollen, Dokumentationen ansehen und alte Nachrichtensendungen – auch aus dem Ausland. Die meisten Lehrer begrüßen das.

Es sei zwar schwieriger geworden, Klausuren zu bewerten, weil beinahe jeder Schüler andere Quellen habe und andere Argumente anführe, aber eben auch spannender, sagt die Geschichtslehrerin der Stufe. »Ich bin immer wieder erstaunt, wie viel die Schüler außerhalb des Unterrichts selbstständig in Erfahrung bringen.« Arbeitsblätter und Kopien teilt die junge Lehrerin kaum noch aus. »Ich sage ihnen, worüber wir in der nächsten Stunde sprechen werden, und wie sie sich dem Komplex nähern, entscheiden sie zunehmend selbst. Ich finde das gut so«, sagt sie. Für die Abiturvorbereitung habe sie auf Wunsch eine Linkliste rumgemailt, also ein Dokument, in dem sie Internetadressen von Seiten relevanten Inhalts gebündelt hat. Aber es gibt auch die anderen Lehrer, die ihre Fragen immer enger stellen, die vorher bekanntgeben, welche These sie hören wollen, und die ungern Verweise auf Infos aus dem Internet lesen. »Das ist sehr schwammig und unüberprüfbar für mich, deswegen habe ich den Schülern dringend davon abgeraten«, sagt der Lehrer im Fach Sozialwissenschaften. Was eine amerikanische Expertin vor einem Jahr in einem CNN-Interview zu nichtstaatlichen Organisationen und deren Perspektive gesagt habe, das wolle er nicht wissen – und schon gar nicht in einer Klausur lesen müssen. Nicht, weil es nicht interessant sei, sondern weil es keine Eigenleistung beinhalte. Die meisten Schüler verwechselten Information, an die man sehr gut über Google herankomme, mit Wissen.

Sophia fehlt beides. Ihre verzweifelte Lage gibt sie bei studiVZ bekannt. Hier kann sie eintragen, wie sie sich gerade fühlt, was sie gerade tut oder was sie beschäftigt. »Kopf leer«, tippt sie ein. Ihre Freunde können diese Meldung nun sehen. Die meisten geben ihrerseits den aktuellen Gefühlszustand bekannt. »Hab's kapiert«, verkündet Alexa, »Mathe nervt«, kommentiert Tobi, »Braucht jemand noch Hilfe?«, fragt Richard, »Abi machen stinkt«, führt Dennis aus, »Lerne lieber für Deutsch«, berichtet Jana über sich. Kaum hat Sophia von sich kundgetan, dass sie nicht weiterkommt, schreibt Richard sie an. »Was ist los? Ist

Mathe das Problem?« Sophia lächelt. Genau darauf hatte sie gehofft, auf Schützenhilfe. Dass sie online kommt, ist ja selbstverständlich. Und dass sie von Richard kommt, irgendwie auch. Der ist ein Matheass, hat das Fach sogar als Leistungskurs gewählt und ist bekannt dafür, den anderen bei »Problemen mit Zahlen«, wie er immer sagt, zu helfen. Was sie denn nicht verstehe, fragt Richard. »Alles«, schreibt Sophia. »O. k.«, schreibt der Freund, »dann fangen wir mal an.« Als Sophia und Richard zwei Stunden später wegen Hunger und qualmendem Kopf eine Chatpause einlegen, hat Sophia zumindest die Aufgabe mit der Fichte begriffen.

6 Das erste Mal im Heu

Pornosex

Sex ist nur schmutzig, wenn er richtig gemacht wird

73 623 Mitglieder

Angefangen hat der ganze Pornostreit mit einer Verabredung zum Lernen. Jan hat Dani zu sich eingeladen, um gemeinsam für Englisch zu lernen. Schon auf dem Weg zu ihrem Freund hat sie schlechte Laune. Am Morgen noch hat sie sich von ihren Eltern eine Moralpredigt anhören können. Ob sie nicht mal lieber ein bisschen weniger bei ihrem Freund rumhängen und dafür ein bisschen mehr lernen wolle? Dani hat sich darüber geärgert. Zum einen über den Ton, in dem die beiden mit ihr gesprochen haben, zum anderen über ihr mangelndes Vertrauen. Machte sie sich nicht selbst schon genug Stress? War es nicht so, dass sie nachts kaum schlafen konnte, weil der Lernstoff im Kopf Karussell fuhr? Dass sie ständig leichte Kopfschmerzen hatte, weil sie das Gefühl hatte, das Gelernte könnte irgendwie verfliegen, wenn sie nicht ununterbrochen den Hirnmuskel anspannte und darauf aufpasste? Den ganzen Tag über stellte sie sich kleine Aufgaben: Wann wurde Indien unabhängig von Großbritannien? Wie hieß nochmal dieser erste Versuch mit der positiven Konditionierung? Was ist Blairs Aktionsplan gegen den Terrorismus? Wann war Bismarck an der Macht? Und wie hieß nochmal diese Depesche? Unterdessen ärgerte sie sich darüber, dass sie so trotzig auf die Belehrungen der Eltern reagiert hatte.

Jans Mutter empfängt sie freundlich. »Gut, dass du kommst. Dann steht er vielleicht mal auf.« Als Dani in sein Zimmer tritt, muss sie erst mal husten. An den Geruch kann sie sich nicht gewöhnen. Es ist eine Melange aus Sportsocken, kaltem Rauch und Schwanz. Die verstaubten Jalousien sind runtergelassen, der riesige Computerbildschirm surrt wie immer vor sich hin. Jan schaut unter der Bettdecke hervor, die schon ewige Zeiten mit demselben Bezug bezogen ist, dem schwarzen aus Satin. Sie hatte ihn überredet, sich dieses Set zu Weihnachten zu wünschen, weil sie keine Lust hatte, unter einer Decke zu liegen, die mit Geißböcken bedruckt ist. »Komm, steh auf«, sagt sie. »Komm ins Bett«, sagt er.

Dani setzt sich demonstrativ an seinen Schreibtisch, kramt aktuelle britische Magazine aus ihrer Tasche und blättert sie durch. Sie vermuten beide, dass es in der LK-Klausur in Englisch auch um die politische Lage gehen würde. Irgendein globales Problem würden sie bekommen und müssten dann die britische Linie dazu aufzeigen. Dass Jan nicht dazukommt, sondern weiter quengelt, sie möge zu ihm unter die muffige Decke kommen, ärgert sie. Es hatte sie Kraft und Überwindung gekostet, nach dem Streit mit den Eltern wieder zu Jan zu gehen. »Wir wollen ja lernen«, hatte sie sich selbst gesagt. Immer wieder. Mantraartig. Jetzt war sie also hier, und irgendwie schien es wieder auf dasselbe hinauszulaufen: Fernsehen,

Sex und Pizza. »Hauptsache, man muss das Bett nicht verlassen, oder?«

Sie wirft ihm vor, er kümmere sich nicht ums Abi. Und auch nicht mehr um die Beziehung und schon gar nicht um sich selbst. Wie er überhaupt so hausen könne? Und ob er sich nicht mal vielleicht Gedanken darüber machen wolle, was nach dem Abi käme? Und wie sie zusammenbleiben könnten. Das sei ihm wohl gar nicht so wichtig. Er habe ja sowieso nie Zeit, weil er ständig mit seinen verranzten Bandkollegen abhänge. »Solange du nur weiter deine Ponys striegelst, wird bestimmt alles gut«, schnauzt er zurück und verlässt das Zimmer Richtung Bad.

Nach zwanzig Minuten schaut er wieder rein. Ein Handtuch um die Hüften, die Haare nass. Er lächelt, will sich vertragen. Dani sitzt an seinem Schreibtisch, sie schaut auf den Bildschirm. Ein Standbild: Eine nackte Frau hockt in einem Planschbecken, ihr Gesicht liegt unter einer milchigen Schleimschicht. Auch auf ihrem blanken Busen sind einige weiße Spritzer. Jan weiß sofort, was das ist. Er weiß auch, dass vorher mindestens zehn Schwänze auf diese Frau gerichtet waren und dass die ihre Ladung – nach und nach – alle auf die kauernde Frau draufgespritzt haben. »Hast du das komplett geguckt?« Rückartig dreht sie ihr Gesicht zu ihm. Sie weint. Und schreit: »Was ist das für eine ekelhafte Scheiße, die du dir hier reinziehst? Findest du das etwa geil? Turnt dich das an, bin ich nicht spannend genug?« Während Jan zu einer Erklärung ansetzt, packt sie ihre Tasche und ihre Zeitschriften und steuert Richtung Tür. »Komm mir bloß nicht wieder mit deinem Weltretter-Geschwafel. Solange du dir auf so eine kranke Kacke einen runterwedelst, will ich gar nichts mehr von dir hören.« Jan ruft ihr hinterher: »Beruhig dich mal, das hab ich mir bloß mal runtergeladen, ich guck das auch nicht jeden Tag.« Und als Dani gerade durch die Haustür geht, schreit er noch: »Mit dir geht so was ja nicht.« Das hat sie noch gehört.

Danach hat Dani ihre Freundinnen mit SMS und Anrufen so lange genervt, bis die eingewilligt haben, sich mit ihr zu treffen, um das Ganze auszudiskutieren. Jetzt sitzen sie in ihrem Lieblings-Starbucks. Alexa googelt mit ihrem Laptop rum und findet heraus, dass sich die Praktik aus Jans Filmchen Bukkake nennt und dass er nicht der Einzige ist, der so was guckt. »Sieben von zehn Typen gucken Pornos im Internet«, verkündet Alexa ein weiteres Ergebnis ihrer Recherche. Dani hat die Wutphase inzwischen schon überwunden und sorgt sich mehr um Jans letzten Satz als um die ekelhaften Bilder. »Er guckt das, weil er mich öde findet«, schluchzt Dani. »Ach, ist das jetzt plötzlich o. k., dass er so was guckt, oder was?«, fragt Sophia entsetzt in die Runde. Um dann noch entsetzter hinzuzufügen: »Bin ich etwa hier die Einzige, die das abscheulich findet, sich so Erniedrigungszeug anzugucken?« Die anderen beiden schütteln den Kopf. Ja, das mit dem Anspritzen fänden sie schon auch abartig. Aber: Solange sie das nur anschauten und nicht nachstellen wollten, sei es doch eigentlich egal. Und ganz ehrlich: Dass junge Männer Pornos guckten, sei ja schon irgendwie normal. Und auch o. k.

Man kann es ja kaum verhindern. Das Internet ist voll davon. Durchschnittsmenschen filmen sich beim Sex und stellen ihre Filme auf Seiten wie »Youporn« online. Ein älteres IKEA-Bett, die Bettwäsche von Strauss, auf dem Nachttisch ein Buch, ein verstaubter Lampenschirm vorne im Blickfeld, ein blauer Läufer – alles ganz normal. So könnte es auch in meinem Schlafzimmer abgehen, das ist die Botschaft, die rüberkommt. Aber der Sex ist dann doch außergewöhnlich akrobatisch, die Frauen ungewöhnlich biegsam, und natürlich sind die Orgasmen minutenlang und immer multipel. Selbst hier auf angeblichen Amateurseiten kriegen die Zuschauer ein verzerrtes Bild vermittelt. Normalen Sex findet man kaum im Internet, dafür umso mehr Frauen, die schreien, und Männer, die beherrschen. Das ist Sexualerziehung 2.0. Dass mediale Darstellungen die eigene Einstellung – etwa zu Sex – beeinflussen können, das ist erwiesen, wenn auch noch nicht klar ist, wie stark und wie dauerhaft diese Beeinflussung wirkt. Einen gewissen Gewöhnungseffekt beim Betrachter können Kommunikationspsychologen nicht ausschließen. Wer ständig Pornos schaut, braucht immer härtere, immer krassere Bilder zur Stimulation. Zwar gibt jeder zweite Junge laut einer Stern-Umfrage von 2004 an, er wisse, dass die Sexszenen, die in Filmen und Musikvideos vorkommen, »unrealistisch« seien, finde sie aber dennoch »ansprechend« und »anregend«, so heißt es. Die Jugend heute hat alles schon mal gesehen; was sie selbst praktizieren will, muss sie ganz alleine abwägen. Keine leichte Aufgabe. Für sie gibt es nicht nur die eine Unterscheidung: Sex oder Liebe. Sondern auch: Sex oder Porno.

Das gilt auch für die jungen Frauen. Pornos gucken sie zwar seltener als Männer, aber sie haben nichts dagegen. Zweiundsiebzig Prozent der jungen Frauen wissen laut einer *NEON*-Umfrage, dass ihr Partner sich Sexfilme ansieht. Noch mehr, nämlich siebenundachtzig Prozent, geben an, gemeinsam mit dem Freund Pornos zu gucken. Alleine tun sie es selten: Die meisten nur ein- bis dreimal im Monat. Bei jungen Männern scheint es Alltag. Entsprechend unaufgeregt auch die Meinung der männlichen Clique zu dem Vorfall: »Ist doch kein Ding, das ist doch kein Fremdgehen, die soll sich mal wieder einkriegen«, sagt Tim. »Ja, bisschen peinlich halt, dass es so was Krasses war. Aber ansonsten voll okay«, kommentiert Michael. Auch Tobi sieht's eher gelassen: »Ja kann mir schon denken, dass Mädels das eklig finden. Aber Pornos insgesamt find ich total normal. Haben doch alle auf dem Rechner.« Zumindest fast alle: laut *NEON*-Umfrage über zwei Drittel der Männer. Und fast die Hälfte der Konsumenten findet, Pornos hätten auch ihr eigenes Sexleben beeinflusst – zum Positiven. Sie hätten dort Anregungen erhalten, die sie gerne umsetzten, meinen dreiundachtzig Prozent der Männer unter ihnen und auch sechsundneunzig Prozent der Frauen.

Die Mädchen aus der Stufe sehen das ein bisschen anders. Nach ein paar Kaffee für jeden, zwei Brownies und einem California Bagel mit Lachs dreht sich das Gespräch nicht mehr um Jan und seinen Bukkake-Film, sondern um Pornos allgemein. Und irgendwie taucht plötzlich die Sorge auf, die jungen Männer könnten die Praktiken aus solchen Filmchen für normal halten und »normalen« Sex deswegen für langweilig. »Auch allein schon, dass Jungs immer gleich voraussetzen, dass du ihnen einen blasen willst. Wisst ihr noch, dieser eine Typ, mit dem ich was hatte?«, fragt Sophia. »Der hat doch immer meinen Kopf so nach unten gedrückt, der Wichser«, erzählt sie. Dani nickt mitfühlend. »Das geht wirklich gar nicht«, sagt sie. Jetzt setzt Alexa an: »Einmal bei einem One-Night-Stand wollte der Typ plötzlich Analsex«, erzählt sie. Der habe sie gar nicht gefragt, was sie davon halte, sondern einfach versucht einzudringen. Das habe sie schon ein bisschen krass gefunden. Die anderen nicken zustimmend. »Da hab ich aber dann auch ganz klar Nein gesagt«, sagt Alexa zögerlich, als erwarte sie auch dafür Zustimmung. Wieder nicken die beiden. »Richtig so«, sagt Sophia.

Auch in Sachen Kondome bestärken sich die jungen Frauen. »Ist halt immer peinlich, wenn man drauf besteht«, sagt Alexa.

Sie mache das natürlich trotzdem, aber die Enttäuschung über ihre Grundsätze sei den meisten Jungs immer gleich anzusehen. »Aber da kenne ich nichts«, sagt sie energisch. Das hat seinen Grund. Alexa weiß, wie ein Schwangerschaftstest aussieht, auf dem das falsche Symbol erschienen ist, ein kleines Pluszeichen. Von dem Horrortag, an dem ihre Freundin morgens auf dem Schulweg einen positiven Test aus der Schultasche gezogen hat, erzählt sie noch immer gerne. Ein bisschen kokettierte Hysterie baut sie ein, aber nachdrücklich beeindruckt hat sie die Angelegenheit anscheinend auch: Denn Kondome hat sie seitdem immer dabei. Die Freundin hatte das Kind zwar nicht bekommen, aber die Einnahme der Abtreibungspille war nicht spurlos an ihr vorübergegangen. »Die ist total gaga geworden, hat Freunde scheiße behandelt und ist auch in der Schule voll abgesackt«, erklärt Alexa. Letzteres ist für Alexa unverständlich. Schließlich hatte die Freundin ja abgetrieben, um Abi zu machen und kein Asi zu werden. Und dann so was. Kontakt haben die beiden heute nicht mehr.

Mädchen wie sie, mit stabilem familiären Rückhalt und ausreichend Selbstbewusstsein, können Forderungen stellen beim Sex: nicht anal, nicht ohne Kondom, keine Gewalt. Die Abiturienten kennen aber auch Geschlechtsgenossinnen, die das nicht schaffen, die ihre Selbstachtung aus dem ziehen, was Jungs über ihre Qualitäten im Bett sagen. »Klar hatte ich schon Gang Bang«, berichtet Hannah, mit deren Clique sie sich manchmal zum Feiern verabreden. Eigentlich habe es damit angefangen, dass ihr damaliger Freund noch zwei Freunde mit zum Sex dazuholen wollte, erklärt sie nüchtern. Nachdem mit dem Freund Schluss war, hatte sie auch noch mit anderen Gruppensex gehabt. Auf die Frage nach dem Warum zuckt sie bloß die schmalen Schultern. »Warum nicht?«, fragt sie zurück. Und dann noch: »Ist geil.« Und als ob nicht schon klar gewesen wäre, für wen das vornehmlich geil ist, fügt sie noch hinzu: »Bisher sind immer alle gekommen.« Alle, das bedeutet hier nicht alle Sexualpartner während ihrer fünf aktiven Jahre, sondern alle Beteiligten besagter Orgien. Für sie heißt das hundert Prozent Erfolgsquote.

Was von ihnen verlangt wird, das erfahren die jungen Frauen aus Pornos oder gleich von den Meistern selbst: aus den Liedtexten bekannter Vergewaltigungsverherrlicher wie King Orgasmus One, Bushido, Frauenarzt und Sido. Die liefern die Musik zu ihrem Leben. Vielleicht liefern sie auch das Leben zu deren Musik. Harmlos und hörig. Die Stufe versteht die Rüpel-Rapper, wie sie in der Presse stark verharmlosend oft genannt werden, ironisch. Sie lachen über die flachen Sprüche und lästern, Sido sei in Wahrheit wahrscheinlich ein Musterschüler gewesen und habe einen besseren Abschluss hingelegt, als sie alle es je werden. Seine Masken-Masche finden sie peinlich und seine Gettomanier unglaubwürdig. Trotzdem: Die Texte kennen auch von ihnen viele auswendig. Um diese Musik völlig zu ignorieren, ist der Hype zu groß, die Provokation zu generalstabsmäßig geplant.

Auch bei ihnen hat sich der Druck beim Sex eingeschlichen. Es sei ja gar nicht so einfach, da konsequent zu bleiben, man wolle ja auch nicht verklemmt rüberkommen, erklärt Alexa. Eine Angst, die sie mit anderen jungen Menschen teilen – auch mit denen des anderen Geschlechts. Fast die Hälfte der Befragten der *NEON*-Umfrage hat im Bett auch schon unliebsame Sachen gemacht, um den Sexpartner nicht zu enttäuschen. Gemeint sind in erster Linie Sado-Maso-Praktiken oder Gruppensex. Und noch etwas hat die sexualisierte Welt sie gelehrt. Zum Sex gehört ein ordentlicher Orgasmus. Hat man keinen, tut man so. Schon 70 Prozent der Frauen haben mal einen vorgetäuscht. Andere Möglichkeit: Man sorgt gleich im Vorhinein für weniger Leistungsdruck und betrinkt sich. Auch ein beliebter Zustand beim Sex. Über zwei Drittel der jungen Befragten hatte schon mal Sex im Alkoholrausch. Ein Drittel sogar unter Drogeneinfluss.

Viele Jugendliche der Stufe berichten von extremen Erfahrungen. Sei es nun eine wilde Knutscherei mit zwei Mädels im Hotelpool auf Mykonos, Fummeln in der Umkleide von Zara oder ungeschützter Sex auf dem Disco-Klo. Von langen Küssen im Park oder dem ersten Mal im Heu spricht keiner. Das Wort Oralsex gibt es in ihrem Wortschatz gar nicht, sie sagen blasen und lecken. Auch die Gefühle für den anderen werden bei den Anekdoten auffällig häufig ausgeklammert. Was ist denn mit den romantischen Erfahrungen, wo sind sie geblieben?

Die jungen Frauen lächeln sich an angesichts dieser Frage. »Das Leben ist halt kein Ponyhof«, entgegnet Alexa. Der Lieblingssatz der Clique. Wann und in welchem Kontext Dani den Spruch irgendwann mal gemacht hatte, weiß eigentlich keiner mehr. Sie wissen nur noch: Er hat gepasst. Und sich zum geflügelten Wort entwickelt. Vor allem, weil Dani ihre Wochenenden tatsächlich am liebsten bei ihrem Pferd verbringt. Die Mädels kichern über Alexas prompte Antwort. Und dann wiederholt Sophia noch einmal »Sex im Heu« und lacht sich kaputt. Die anderen stimmen herzhaft ein, als kennten sie diese Kulisse nur aus alten Filmen – oder schlechten Bauernpornos. »Nee, jetzt mal ernsthaft«, setzt Alexa dann nochmal an, »klar gibt es auch schönen Sex mit Kuscheln und so«, sagt sie. Aber das passiere ja eigentlich nur in einer Beziehung. Wieder nicken die anderen. Es ist also so: Sex ist entweder Pärchensex und somit zärtlich, oder Partysex und somit wild und witzig zum Erzählen.

Beides wird strikt getrennt. Denn Beziehungen sind heilig. Fast alle wollen sie eine, am liebsten eine perfekte. Die Sehnsucht nach einer soliden Partnerschaft teilen sie trotz all des Feierns und Suchens nach dem ultimativen Party-Erlebnis: Ein gelungener Samstagabend sieht anders aus. 65 Prozent der Jugendlichen verstehen darunter, Zeit mit dem Partner verbringen, im Bett sitzen, Nudeln essen, Wein trinken und eine gute DVD gucken. Heute haben sich im Leben ihrer Freundin diese zwei Welten vermischt. Auch das ist es, was die jungen Frauen bewegt. Zwar tolerieren sie Pornos, kennen sie gar, schauen sie auch. Aber das war doch alles nur Spaß gewesen, witzig und nicht so gemeint. Aber all das ist heute hineingebrochen in die Beziehungswelt. Wo es nicht hingehört.

In ihr Krisengespräch hinein klingelt Danis Handy. »Jan«, konstatiert die trocken nach einem kurzen Blick aufs Display. Alexa reißt ihr das Handy aus der Hand. »Da gehst du jetzt erst mal nicht ran, lass den mal ein bisschen nachdenken«, rät sie. Auch Sophia argumentiert für die dramaturgische Pause. »Lass ihn mal zappeln.« Dani nickt einsichtig. Wenig später bekommt sie eine SMS, dann noch eine. Dani liest vor: »Ich weiß, dass du jetzt nicht rangehst, aber ich hab's nicht so gemeint. Ich bin gerne mit dir zusammen. Ich gucke das nicht oft. Das war nur so zum Witz. Hab das auch zum Spaß runtergeladen. Bitte ruf mal an oder geh ran. O. k.?« Die beiden Unbeteiligten stöhnen auf. »Ganz schlecht«, urteilen sie. Dani liest die SMS nochmal leise, sie lächelt. »Ach, eins noch«, unterbricht sie dann ihre Freundinnen bei der Abendplanung, »erzählt bitte Isabell nichts davon, hab keinen Bock auf ihre Moralpredigt.« Die beiden anderen Mädchen lächeln – und nicken.

Isabell, die als Bardame die Schlampe raushängen lässt, hat ihr erstes Mal noch vor sich. Von den Eskapaden ihrer Mitschülerinnen, die sich besoffen einem völlig Fremden anbieten, nur um es endlich hinter sich zu bringen, hält sie gar nichts. »Billig, peinlich und unreif«, findet sie das. Es müsse auch nicht ihr zukünftiger Mann sein, bloß einer, »dem ich vertraue und der es ernst meint«, sagt sie immer. Sie wolle nicht bloß irgendeine Nummer sein, kein Zeitvertreib. Außerdem werde man von Typen nicht respektiert, wenn man sich zu schnell hergebe. Das sehe man ja an Hannah, die sich selbst als Sexbombe verstehe, von den Jungs, hinter ihrem Rücken, aber nur »Loch« genannt werde. »Es ist doch so«, setzt sie an, »Männer vögeln die Schlampen, aber lieben die anderen.« In ihrer Jungfräulichkeit bildet Isabell keine Ausnahme in der Stufe, es gibt außer ihr noch einige, die noch keinen Sex hatten. Gymnasiasten fangen Studien zufolge später an, sexuelle Erfahrungen zu sammeln als Jugendliche anderer Schulformen. Während mehr als die Hälfte der vierzehnjährigen Hauptschüler schon mal Geschlechtsverkehr hatte, ist es unter den Gymnasiasten nur jeder Vierte. Der Trend ist auch in höherem Alter noch erkennbar.

Unter jenen in der Stufe, die noch keinen Sex hatten, gibt es zwei Lager. Die einen formulieren ihre Wünsche klar und wollen auf jemand Besonderen warten, auf niemand Geringeren als die große Liebe. Sechs Jugendliche heben sich gar für den Ehepartner auf. Bei den anderen spielen meist zwei Gründe zusammen: die Angst vor einer Blamage und schlicht der Mangel an Gelegenheit. Für auffallend viele ist nicht entscheidend, ob sie mit dem ersten Sexpartner fest zusammen sind oder ihn besonders gernhaben. Laut einer Jugendsex-Studie der Bundeszentrale für gesundheitliche Aufklärung haben die Hälfte der Jungen und ein Drittel der Mädchen ihr erstes Mal Sex mit einem flüchtigen Bekannten oder einem Fremden. Der Trend zum spontanen und ungeplanten Sex steigt. Nanette beispielsweise plant ihre Entjungferung in naher Zukunft über die Bühne zu bringen, ihre Erwartungen an den männlichen Akteur sind dabei nicht allzu romantisch: »Er muss höflich sein und gut aussehen, das sollte reichen für den Job.«

An diesem Abend können Sophia und Alexa weitere Kontaktaufnahmen von Jan verhindern. Die pädagogische Maßnahme: dem Opfer das Handy abnehmen, ausschalten und feiern gehen. Nach ein paar Tagen verzeiht Dani ihrem Freund wieder, und die eingeweihten Jungs aus der Stufe nehmen das Wort »Bukkake« in ihren aktiven Wortschatz auf – und verwenden es in abgewandter Form. Sich morgens um halb sieben nach einer durchsoffenen Nacht noch drei Hamburger Royal TS reinziehen – das ist bukkake. Abartig, aber geil.

7 »Bitte nicht stören! Abitur!«

Der Tag X

Mein Spicker ist länger als deine Klausur

über 2185 Mitglieder

»Bitte nicht stören. Abitur!« steht auf dem Blatt Papier, das von innen gegen die Glastüre geklebt wurde. Hier hindurch dürfen nur die, die gleich ihre erste schriftliche Prüfung ablegen. Oder besser gesagt: Sie müssen hier durch. Einige sehen unausgeschlafen aus, mit kleinen Augen und blassen Wangen. Andere glühen im Gesicht, kneten an ihren Händen herum, wackeln mit den Beinen und reden zu laut. Die ganze Stufe steht in dem engen Gang hinter der Glastüre beisammen. Es ist Montag, der 7. April. Heute beginnen die Abiturklausuren – und zwar für alle. Im Verlauf der Klausurzeit werden sie häufig an verschiedenen Tagen antreten müssen, der eine hat am Montag Mathe, der andere Mittwoch Physik, mal einer Freitag Französisch, der andere mal eine Woche gar keine weiteren Klausuren und dann Englisch und Sowi. Aber Deutschklausuren muss jeder schreiben.

Da stehen sie nun alle. Den Kopf voller komplizierter Begriffe, Geburts- und Sterbedaten berühmter Schreiber und allerhand verschiedener Epochenmerkmale. In den Händen halten sie Kulis und neonfarbene Marker, um damit die Texte zu malträtieren, und belegte Brötchen oder Sandwiches. Einige klammern sich an Dextroenergenbrause, an eine Flasche Wasser oder Cola. Ein Mädchen hat drei Stangen Smarties in der hinteren Tasche seiner Jeans, andere haben Müsliriegel oder Obst in der Hand. Mehr als das, nämlich ein paar Lebensmittel und Stifte, sind nicht erlaubt. Keine Handys, kein Papier, keine Digitaluhren. Denn dass man dort oft auch ganze Sätze einprogrammieren kann, das haben selbst die Lehrer inzwischen mitgekriegt. Noch einmal bittet der Rektor alle Schüler kurz zuzuhören. »Ich sage es hier an dieser Stelle noch ein letztes Mal«, setzt er an, »jeder Täuschungsversuch bedeutet einen Ausschluss vom Abitur.« Mahnend schaut er umher, dann deutet er wortlos mit dem Kopf in die Richtung eines Mülleimers, der hier im Flur rumsteht. So als wolle er sagen: »Schmeißt die Spicker weg, das ist die letzte Chance, straffrei davonzukommen.« Die meisten nicken brav. Einige sehen so aus, als würden sie sich die Sache wirklich nochmal durch den Kopf gehen lassen. Schon in ein paar Stunden werden sie unten vor dem Schulgebäude darüber lachen, wie der Rektor sich da gerade geäußert hatte, in einer Manier wie sonst nur diese verknöcherten und erzkonservativen US-Richter in den schlechten Hollywoodstreifen. Jetzt gerade wirkt es, wie es wirken soll. Ein paar berichten später, sie hätten sich nach der Ansprache nicht mehr getraut, ihre Spickzettel überhaupt nur anzufassen. Aber die meisten, die pfuschen wollten, vergessen die Drohung schnell wieder und tun es trotzdem.

Spick nicht!

Zu lange haben sie sich im Vorfeld mit der Materie beschäftigt, um jetzt aufzugeben. Zu viele Möglichkeiten haben sie getestet. Besonders viel hatten sie sich alle vom Spickzettel auf der Rückseite eines Flaschenetiketts erhofft. Ablösen, beschriften und wieder ankleben. Wenn man Hilfe braucht, trinkt man den Saft leer und der Spicker wird sichtbar. Falls nicht, ist es völlig ungefährlich. Aber bei einem Test hatte sich herausgestellt, dass die Flaschenoberfläche völlig glatt sein muss, damit man etwas erkennen kann. Und dann wiederum war die Schrift zu deutlich zu sehen. Das Ganze also zu auffällig. Ein Zettel im Mäppchen oder eine beschriftete Brotdose kamen schon allein deshalb nicht infrage, weil keiner von ihnen so etwas seit der achten Klasse je benutzt hat. Bei Klausuren haben sie oft schwierige Wörter oder Formeln auf die Poster geschrieben, die schon im Raum hingen. Solche, auf denen das Leben von Queen Elisabeth tabellarisch aufgeführt war oder die Merkmale der Comédie française. Nie hatte ein Lehrer bemerkt, wenn zwischen den Zeilen irgendwo ein paar neue Wörter gestanden hatten. Aber das kam heute nicht infrage, denn die Räume wurden erst für die Prüfungen aufgeschlossen, keine Chance, dort vorher etwas zu präparieren. Sophia hat kurz überlegt, ob sie einen Rock anzieht und sich ein paar Dinge auf dem Oberschenkel notieren sollte. Aber dann hat sie sich dagegen entschieden, aus Angst, so zu transpirieren, dass ihr der Schweiß alles verwischen und womöglich noch an den Beinen bläulich eingefärbt hinunterlaufen würde. So ist am Ende nur die einfachste und älteste Spickmethode übrig geblieben: der konspirative Klogang. Ab in die Kabine, abspülen und währenddessen den Zettel aus der Hosentasche ziehen, entfalten und sich die Notizen einbläuen.

Jana hat ihre Pläne schon vor der großen Rede verworfen. »Ich hab meinen Zettel auf dem Weg zur Schule weggeworfen, ich hab keinen Bock, dass irgendein Lehrer mich sieht«, sagt sie. Ihre Freundinnen lachen. Die Vorstellung, dass einer der Pädagogen auf die Klobrille klettert, um über die bekritzelte Trennwand in die Nachbarkabine zu luken, finden sie total absurd. Aber ganz frei machen von der Sorge, erwischt zu werden, können sie sich alle nicht. »Was, wenn sie mit uns aufs Klo kommen?«, fragt ein Mädchen in die Runde. »Das vielleicht nicht gerade. Aber was, wenn sie unsere Hosentaschen kontrollieren?«, fragt Alexa. Sie hat sich die verschiedenen Metren notiert, weil sie immer die Bezeichnungen durcheinanderschmeißt. Schnell wendet sie sich ab, greift in die enge Tasche ihrer grauen Röhrenhose und schiebt den Zettel in die Unterhose. »O. k.«, sagt sie zu sich selbst und dreht sich wieder zu ihren Freundinnen. Ihr Raum wird gerade aufgeschlossen. Es geht los. Die Lehrer, zwei für jede Prüfungsgruppe, öffnen die Türen. Die Ersten stürmen hinein, um sich begehrte Plätze zu sichern. Am Fenster, an der Seite, hinten, vorne. Bloß nicht mittendrin und eingequetscht. Jana und Nanette tauschen noch ein paar Küsschen und Glücksformeln aus, bevor die eine in den Prüfungsraum des Leistungskurses geht und die andere in den des Grundkurses. Dann überall das gleiche Schauspiel: Wer einen Platz gefunden hat, beginnt seinen Proviant aufzubauen, legt fein säuberlich seine Stifte nebeneinander und schaut konzentriert nach vorne. Jetzt bloß nichts verpassen, jetzt, verdammt nochmal, konzentrieren.

Ein Lehrer tritt nochmal heraus auf den Gang und verbannt alle Schaulustigen zurück hinter die Glastür – ein paar Zwölftklässler, die schon mal gucken wollen, wie das so abläuft, und eine Mutter, die ihrer Tochter einen Wecker gebracht hat, dessen Anwesenheit offenbar psychologisch wichtig ist. Der Lehrer geht zurück in den Raum und schließt hinter sich die Tür. Jetzt geht's los. »Bitte nicht stören. Abitur!«

Eine von ihnen ist nicht aufgetaucht: Atina. Schon während der Abiturvorbereitung hatte sie oft geklagt, sie könne sich nicht mehr konzentrieren, bekomme Bauchkrämpfe, sobald sie am Schreibtisch sitze. Sie habe versucht, die Lektüre für Deutsch ganz entspannt abends im Bett bei Tee und Kerzen zu lesen. Als das nicht funktionierte, habe sie sogar Literaturverfilmungen auf DVD im Internet bestellt und sich angesehen. »Aber den ganzen Film über hab ich nur gedacht, wie soll ich mir das alles merken, was da passiert«, erklärt sie. Auch einigen Mitschülern hat sie oft berichtet, sie finde den Druck so groß und komme nicht mehr zur Ruhe. Aber, dass sie nicht auftauchen würde am Tag der ersten Prüfung, das hatte keiner erwartet. Und Stephanie, die als beste Freundin auch die Eltern von Atina etwas besser kennt, schon mal gar nicht. »Im Zweifel schleppt ihr Vater sie bis in den Klassenraum«, hatte sie einmal zynisch bemerkt. Am Morgen hat sie eine SMS bekommen: »hab Fieber, gehen gleich zum arzt. Ich wünsch dir viel glück, du wirst es bestimmt gut machen. hdgdl«. Zurückgeschrieben hatte sie: »hab auch mega angst, wenns doch schon vorbei wär. Biste echt richtig krank? Komm bald wieder, alleine pack ich's nich. Hab dich auch lieb«.

Die Sorge um den Verlauf der Reifeprüfung kennen sie alle. Vorher hat es einige gegeben, die sich abends gar nicht mehr sehen ließen, die sich zu Hause verbarrikadiert haben und deren einziger Freiluftkontakt auf dem Weg zur städtischen Bibliothek stattfand. Zuletzt haben sie das Wort »Abi« komplett aus ihrem Wortschatz entfernt. Die Rede war dann nur noch von »Vorklausuren« und »Klausuren« und einem »Zeugnis«.

Gekommen sind sie aber heute doch. Nützt ja nichts. Wer nicht da ist, der muss alleine nachschreiben. »Das ist super trostlos, wenn du da alleine in so einem Raum sitzt mit dem Lehrer«, hat Alexa berichtet, sie hat eine Vorabiklausur nachgeschrieben und die Situation als so einsam und deprimierend erlebt, dass sie sich geschworen hat, selbst mit 39 Grad Fieber noch zu den gesetzten Terminen zu erscheinen.

»Typisch für die Zeit?«

Tim ist der Erste, der nach knapp einer Stunde aus dem GK-Raum kommt, den langen Flur entlangspurtet und durch die Glastür tritt. »Oh, Mann, voll heftig alles«, sagt er. »Wir haben drei Sachen zur Auswahl bekommen. So einen Kack über Galotti und ob das noch heute für uns interessant ist und dann noch so ein langweiliges Gedicht über den Mond oder so. Das dritte hab ich vergessen. Alles scheiße«, sagt er noch, bevor er auf der Toilette verschwindet. Aber die Frage hört er noch. Als er wieder herauskommt, antwortet er: »Hab das erste genommen, Galotti. Ich überlege aber, ob ich noch umschwenke«, sagt er und verschwindet wieder hinter der Tür. Fünf Schulstunden haben die Prüflinge nun Zeit, zu einem der Themen ihr geballtes Schulwissen abzuspulen, aber auch Überraschendes zu formulieren.

Sophia ist die Nächste, auch sie ist Grundkurslerin. Wortlos stürmt sie auf die Frauentoilette und spritzt sich kaltes Wasser ins Gesicht – so wie es Frauen in Seifenopern tun, wenn sie erfahren haben, dass sie schwanger sind oder doch keine Vollwaise. Das Abi ist die Zeit der großen Gesten, so scheint es. Rike wird nach ihrer zweiten LK-Klausur mit Edding »Oops I did it again« auf ihr T-Shirt kritzeln und stolz damit durch die Fußgängerzone laufen. Und Tim hat den Kofferraum seines Autos mit Dosenbier bestückt und wird in den nächsten Wochen nach jeder Prüfung alle, die er mag, damit ausrüsten.

Nach ein paar Sekunden spricht sie doch: »Ich wusste, dass wir dieses ›Vorlese‹-Thema kriegen, ich hätte das mal mehr lernen sollen. Fuck.« Sie trocknet sich das Gesicht mit einem grauen rauen Papiertuch ab, das sie vorher aus dem Spender neben dem Waschbecken gezogen hat. »Krass, das ist das erste Mal, dass da was drin war«, sagt sie noch. Dann zupft sie sich einen hängen gebliebenen Fussel Altpapier von der Wange und verschwindet in einer Kabine. Sie knallt die Klotür zu. »Ich kann dieses Buch halt nicht abhaben. Ich will lieber was bearbeiten, was mir auch Spaß macht. Andererseits ist das nicht der Moment für Spaß. Fuck.« Nach wenigen Sekunden kommt sie wieder heraus, verlässt die Toilette und stürmt zurück hinter die Glastür. Der Flur ist leer. Weit entfernt hört man Schritte auf dem Linoleum quietschen. Auf einem anderen Stockwerk weiter unten schreien Jungs. Dann zischt ein erwachsenes »Pssst« durchs Treppenhaus, und es ist ruhig.

Die Klozeiten für beide Kurse sind versetzt. So dass sich die Schreiber nicht auf dem Gang begegnen oder womöglich besprechen können. Zwanzig Minuten passiert gar nichts. Dann scheinen die Leistungskursler auch endlich zur Toilette gehen zu dürfen. Ihre Tür öffnet sich. Erst kommt Kristina heraus, eine Mitschülerin, von der Jana und ihre Freundinnen immer behaupten, sie habe im studiVZ die Gruppe mit dem Namen »Zu viele Bücher, die ich lesen möchte« gegründet. Dabei ist sie bloß eines von 60 926 Mitgliedern der Gruppe, hat aber Sara dazu inspiriert, auch eine Gruppe zu gründen. »Zu viele Männer, mit denen ich noch schlafen möchte«. Kristina ist konzentriert. Ihre langen Haare, die ihr sonst immer ins Gesicht fallen, hält heute ein schwarzer Haarreifen zurück. Ihre Wangen sind rot, sie lächelt. »Ja, es geht«, konstatiert sie, »hätte schlimmer kommen können.« Sie habe sich für ein Barockgedicht entschieden, das man im zweiten Schritt noch mit einem zeitgenössischen vergleichen müsse. »Ist o. k., sind beide typisch für ihre Zeit«, fügt sie noch erklärend hinzu.

Jan muss schon innen neben der Tür gewartet haben, denn als Kristina die Tür von außen öffnet, tritt er gleich hinaus in den Flur. »Ich habe einen Sachtext genommen. Ob Fernsehen ein Leitmedium ist. So was halt. Ganz o. k. Man darf eine eigene Meinung haben, das ist ja schon mal was«, sagt er. Kurz darauf kommt Jana: »Galotti ist bei den Themen dabei, war ja klar, so wie die Lehrer da drauf rumgeritten sind. Die Frage ist, ob das ein politisches Stück ist«, sagt sie und beantwortet dann gleich: »Also, ich finde ja.« Dann ist eine Weile Ruhe. Schließlich kommt Sara aus dem Raum gehetzt, wie immer mit klaren Worten auf der Zunge. »So einen Typ, der da vorkommt, den kenn ich gar nicht. Den haben wir nie gemacht im Unterricht. Und was ist denn bitte schön ein scheiß Nachen? Der Text heißt einfach nur ›Der Nachen‹. Voll die Verarsche. Ich hab keine Ahnung, was das überhaupt sein soll. Können die nicht wenigstens normale Texte aussuchen?«, sagt sie aufgeregt. Später wird sie den Begriff googeln und herausfinden, dass ein Nachen ein schmaler Kahn und der Autor Robert Walser ist.

Viele, die in diesen vielen Schreibstunden rauskommen, um sich zu strecken, eine zu rauchen oder aufs Klo zu gehen, sagen irgendetwas. Sie sind froh, ein bisschen Anspannung ablassen zu können. Mal über einen anderen Kanal als nur über die fast schon taube Hand. Jetzt sind es wieder die Grundkursler, die auf den Flur treten. Einer nach dem anderen:

»Ich dachte irgendwie, jetzt kommen ganz krasse Sachen im Abi, aber eigentlich ist es wie bei einer normalen Klausur. Klar, ist nervig alles, aber halt nicht so megaheftig«, sagt Michael lässig.

»Ich hab Schlink genommen. Die Frage ist: Warum sein Buch hilft, die Nazizeit nicht zu vergessen. Find ich einfach. Weil wir es alle lesen müssen«, kommentiert Alexa.

Dann kommt Tobi, er und auch sein Fußballkumpel Dennis scheinen besonders zu leiden.

»Voll unnötig alles. Wieder so viel Schlink und sonst nur so ein Drecksgedicht und Galotti. Immerhin hab ich den Schlink noch gelesen letzte Woche. Ja, keine Ahnung. Geil ist es nicht, aber muss ja«, meckert Tobi.

Und Dennis: »Hat hier jemand vielleicht 'nen Strick oder so? Das ist der totale Abfuck. Ich hab bisher nur wenig geschrieben. Aber echt jetzt. Nicht so wie wenn die Frauen sagen, sie haben wenig geschrieben, und haben dann doch zwölf Seiten. Ich habe jetzt vier oder so. Hoffentlich reicht das. Na ja, ich geh mal wieder rein.«

Dann öffnen sich die Türen wieder, und nach und nach kommen sie heraus, mit müden Augen schlurfen sie Richtung Glastür. Einige schütteln die Hände, sie haben bis zuletzt geschrieben und versucht, als der Lehrer schon gebeten hat, die Klausurbögen zuzuklappen, ihr Fazit zu einem knackigen Abschluss zu bringen. Die Hand wollte nicht mehr, aber der Kopf hatte noch mindestens drei Sätze in petto. »Ich komm nie zum Ende und schreibe immer Sachen, die ich schon längst erklärt habe. Dabei hatte ich mir echt vorgenommen, heute eine gute Gliederung zu machen und so, aber dann ging die letzte Stunde so schnell um. Ach egal. Weg hier«, sagt Sophia. Die anderen teilen diesen Drang. Erste Hürde genommen, zwei Klausuren und eine mündliche Prüfung liegen noch vor ihnen. Jetzt erst mal ein Bier.

SOMMER

8 Geile Zeit

»Ihr habt es euch verdient«: die Abifahrt

Chillen ist die Kunst,
sich beim Nichtstun nicht zu langweilen

6863 Mitglieder

»Wir sind die Allergeilsten!«, Tims Ausruf in der Nacht des Abiballs. Beflügelt von seinem 2,0-Abi, der neuen Freiheit und einem halben Dutzend Wodka-Redbull. Es ist das Gefühl der Stunde. Der Abend war einfach perfekt verlaufen für ihn. Und klingt aus seinem Mund wie die Rückschau auf eine erfolgreiche Oscar-Nacht in Hollywood: erst die zwei Awards, der Auftritt auf der Bühne, das Klatschen, die Laudatio seines Vaters im kleinen Kreis, der Champagner dazu und die elektrisierende Stimmung auf der After-Show-Party. Reifeprüfung deluxe. Ego schmeicheln inklusive. Entsprechend ausgeprägt ist das Selbstbewusstsein im Moment.

Ein Gefühl, das sie alle mitnehmen in den Urlaub, auf die Abifahrt. Es ist für sie alle nicht der erste Urlaub ohne Eltern. Und natürlich haben sie alle schon auf Jugendfahrten, Interrailtrips oder Pauschalreisen vorher Discos besucht und Alkohol getrunken. Aber alles hatte noch einen konspirativen Charakter, war neu oder sogar verboten. Jetzt ist das anders. Sie alle dürfen trinken, dürfen feiern, und keiner kann es ihnen übelnehmen, sie ermahnen, sie daran erinnern, dass sie doch eigentlich lieber lernen sollten, statt sich die Nächte um die Ohren zu schlagen. Keiner kontrolliert, wie viel Geld sie vertrinken und ob sie sich ordentlich eincremen, bevor sie in die Sonne gehen. Dieser Urlaub gehört nur ihnen alleine.

Längst gehört diese Sause nach dem Abschluss zum Standardprogramm für Abiturienten. Viele haben schon im ersten Halbjahr der Stufe dreizehn angefangen, dafür zu sparen, andere mit den Eltern die Höhe des Zuschusses verhandelt. »Hemmungslos, wild und feucht«, heißt es in den Prospekten. Die Veranstalter wissen, was die Masse will: Für etwa dreihundert Euro bieten sie eine Woche Lloret de Mar, Calella oder Rimini, oft inklusive Dauerkarten für die Clubs vor Ort, freien Alkohol im Hotel und einen Hamburger pro Tag. Auf ihren Homepages schmeicheln sie »ihr habt es euch verdient« und versprechen »unvergesslich krasse Ferien«. Was alles dazugehört, verraten die Fotos: Mädchen in Tangas, die in Kunstschaum tanzen, Plastikeimer voller Alkohol und blaues Meer. Daneben ein Button: »jetzt buchen«.

Dennis, Tobi, Max und ein paar andere Jungs haben sich für diesen Urlaubstraum entschieden. Bereits am Morgen nach dem Abiball besteigen sie verkatert einen Reisebus nach Lloret de Mar, die europäische Hauptstadt der One-Night-Stands. Wie einfach man es dort hat, bezeugen zahlreiche Gruppen im studiVZ. »Acht Tage Lloret, das sind sieben Nächte Sex« oder »Fußball, Ficken, Alkohol, Lloret 08« heißt es dort. »Das sind genau meine Interessengebiete«, lacht Dennis. Bei diesem Trip wolle er sich nicht verbiegen, keine Kirchen besichtigen oder

Museen durchlaufen. Nach dem vielen Stress habe er sich ja wohl eine Reise ganz nach seinem Geschmack verdient: »Primitiv und geil.«

Jana, Nanette, Rike und Sara fahren nach Frankreich. Rikes Vater hat eingewilligt, zwei Wochen lang mit dem Fahrrad zur Arbeit zu fahren und den Freundinnen seinen alten Volvo zur Verfügung zu stellen. Sie fahren erst ein paar Tage nach dem Abiball los, weil sie vermuten, dass sie noch zu viel Restalkohol im Blut haben. Auf den knapp tausend Kilometern Autofahrt bis zum gebuchten Bungalow bei La Rochelle in Frankreich wollen sie sich abwechseln. »Jana, du fährst die Strecke um Paris rum, du hast die meiste Praxis«, entscheidet Rike. Sie selbst hat den Führerschein erst im Januar, also vor ein paar Monaten, gemacht und ist seither kaum gefahren.

Die gemischte Clique um Alexa, Tim, Sophia, Isabell, Richard, Michael und Dani erwartet keine Abifahrt mit dreckigen Hotellaken, gepanschten Drinks oder gar feuchten Füßen im Schlafsack, sondern eine Finca. Sie fliegen nach Mallorca, ins Ferienhaus von Alexas Vater. Der will zwar, zusammen mit seiner Freundin, die letzten beiden Nächte auch dort verbringen, um den Zustand der Sommerimmobilie zu überprüfen, aber die ersten sieben Tage hat die Clique dort sturmfrei. Dani und ihr Freund haben erst überlegt, zu zweit wegzufahren, dann aber doch entschieden, dass jeder sich seiner Clique anschließt. »Welche Gruppe hat schon Lust, ein knutschendes Pärchen dabeizuhaben?«, sagt sie einsichtig. So fährt sie mit nach Mallorca und Jan mit seinen Kumpels nach Lloret.

Atina, Stephanie und zwei gemeinsame Freundinnen aus dem Chor wollen nach Prag. Um die Reise finanzieren zu können, hat Stephanie seit der letzten Prüfung einige Tage im Restaurant der Eltern bedient. Zwei Tage nach dem Abiball nehmen sie einen Bus in die tschechische Hauptstadt. Sie wollen vor allem billig wegkommen, ohne sich einem »Proletenprogramm« unterwerfen zu müssen.

Eines haben sie alle gemeinsam. Sie schreiben während der Fahrt täglich mehrere SMS an Freunde, Familie und natürlich auch untereinander. Vier Abifahrten in SMS-Form:

Alexa an ihre Mutter: gut gelandet. es waren wieder nur prolls im flieger. haus steht noch, haben jetzt erst mal gelüftet. jungs lachen über papas tigerteppich ;-)

Jan an Dani: gerade angekommen, zimmer ist super. vermiss dich schon. wie ist es bei euch? lass dich nicht von tim anbaggern!

Richard an seinen Vater: hey papa, sind noch auf mallorca, im haus einer freundin. super wetter. freue mich auf den sommer bei dir. in 'ner woche bin ich ja schon da. liebe grüße, richard

Rike an ihren Vater: auto noch ganz. ;-)

Jana an Sara: wo seid ihr? wir sind noch im supermarkt, beim alk. kommt dahin

Dani an Jan: tim? ach quatsch. ich bin brav. hoffe, du auch!! ich liebe dich sehr.

Jan an Dani: dennis hat so eine mit arschgeweih kennengelernt und will, dass wir heut abend mit der feiern gehen. ;-) totale bratze ist das. ich denk an dich

Dani an Jan: schlampen-tattoo. willst du etwa auch da mitgehen? hat die noch freundinnen dabei oder was? ich will nicht, dass du mit denen weggehst.

Stephanie an ihre Mutter: die drei sind total genervt, weil ich geld sparen muss. bin offenbar die einzige, die an der kurzen leine gehalten wird. die haben viel mehr von ihren eltern bekommen.

Tobi an Besim: alter, du müsstest dabei sein. hier gibt's hammer-frauen. und alle sind super locker drauf. dennis und ich waren letzte nacht nackt schwimmen mit drei mädels. geil!

Dennis an seine Mutter: ja, hier ist alles klar. haben ja beim angebot auch ein richtiges essen dabei und haben auch brot und aufschnitt gekauft. wetter super und hotel auch. gruß an papa.

Dani an Jan: was ist los? warum antwortest du nicht? warst du mit feiern gestern? seid ihr immer noch am pennen? meld dich mal.

Rike an ihre Tante: ja, alles klar hier. verstehen uns super alle. wenn ich zurückkomme, muss ich mir überlegen, was ich machen will. hast du nicht 'ne idee? ;-)

Dani an Jan: wo bist du? du gehst nicht ran. max auch nicht, da hab ich's auch schon versucht.

Alexa an Jan: mensch, jetzt meld dich mal. dani macht hier voll die panik. super scheiß stimmung bei uns wegen dir. alexa

Jan an Dani: komm mal wieder runter. haben ausgeratzt. seid wann ist das ein verbrechen? ja, waren feiern. sag alexa, sie braucht bei mir nicht die chefin raushängen lassen

Atina an eine Freundin: wir sind nur am saufen und shoppen. abends immer cocktails oder neulich kino mit tschechischem untertitel. super witzig. hab dich lieb. kuss atina

Sophia an eine Freundin aus der Tanzschule: scheiße, hatte wieder sex mit tim, der ist einfach zu geil. aber der will nichts richtiges, glaub ich. meinst du, der denkt jetzt, ich bin 'ne schlampe? antworte schnell. hab dich lieb.

Jan an Dani: tut mir leid. hätte mir auch sorgen gemacht. ich liebe dich

Dani an Jan: ich liebe dich auch

Michael an Jana: hey, wie ist es bei euch am atlantik? bei uns super wetter. schade irgendwie, dass alles vorbei ist. hoffe, wir halten den kontakt. sonnige grüße, michael

Michael an seine Eltern: keinen bock auf bund grad. hier in der sonne liegen ist einfach zu gut. ;-) bis morgen, gruß, micha.

Nanette an eine Freundin: endlich geht was. gestern geile franzosen am strand kennengelernt. très sexy ;-)

Alexa an ihre Mutter: papa nervt ein bisschen, will, das wir heute abend mit zu freunden von ihm kommen. die wollen alle nicht und ich steh so dazwischen. bis morgen. freu mich auf dich. hab dich lieb.

Ab in den Süden

Die Abifahrt ist die ganze Zeit ihr letzter Trumpf gewesen. Mit Hinweis auf diesen Urlaub haben sie sich gegenseitig getröstet. »Uns bleibt immer noch Frankreich«, hatte Jana gesagt, als Nanette in der Nacht vom Abiball bittere Mascara-Tränen geweint hatte. Die Abireise haben sie alle als gebührenden Abschluss empfunden, die Krönung des ganzen Projekts Abitur. Die Bilanz wird am Ende stimmen: Die Speicherkarte ist voll, die Pyramide aus Dosenbier kann sich sehen lassen, und sie waren mehr als einmal die letzten Gäste des Clubs.

Aber wenn sie sich nachher erinnern, dann nicht an die Abende, an denen sie feiern waren, sondern so:

Sie sitzen am Pool, essen Salat mit Hühnchen, trinken Bier und reden über alles und nichts. Michael erzählt, dass er sich manchmal wünsche, er könne die Zeit zurückdrehen, um das vergangene Jahr noch einmal zu erleben. Sophia verrät, dass sie gerne in Köln bleiben würde, aber es irgendwie so peinlich finde, wenn man immer in derselben Stadt wohnt. Und Tim gibt zu, dass er noch gar nicht recht wisse, was er überhaupt vom Leben wolle. Dani springt um halb zwölf nochmal in den Pool und unterhält die Freunde mit einer verkorksten Unterwasser-Ballett-Performance. Nach und nach schälen sie sich alle nochmal aus ihren noch klammen Badetüchern und hüpfen ins Wasser. Auf dem Rücken treibend oder leise ein paar Bahnen schwimmend, quatschen sie weiter. Über die vergangenen Monate, über die schlechten Witze, die ihre Lehrer manchmal gerissen haben, über die Mottowoche, als sie verkleidet mit Alditüte und Feinripp-Unterhemd in der Schule aufgekreuzt sind, und über die Partyzeit, die nach der mündlichen Prüfung begonnen hatte. Irgendwann eröffnet einer die Debatte, wer aus der Stufe wohl als Erstes Kinder bekommen würde. Die meisten tippen auf Stephanie oder auf Jan und Dani oder gar auf Tim. Letzteres natürlich ungeplant. Und später, als alle Hemmungen gefallen sind, zählt jeder auf, in wen aus der Stufe er schon mal verliebt war. Große Zeiten für Tim, dessen Name alle anwesenden Mädchen nennen.

Sophia holt dann irgendwann ihr Abibuch aus dem Haus und fängt an, daraus vorzulesen. Die Kommentare, die die Mitschüler über Alexa abgegeben haben, sind durchwachsen: »findet sich zu geil« steht da, ebenso wie »sie mag mich nicht«. Aber auch: »unsere liebste Freundin« – das haben Sophia, Isabell und Dani ihr geschrieben. Auf Danis Seite steht: »ein bisschen naiv«, »Wendy«, »liebt Jan« und »mag keine Pornos«. Zu Tim hatte jemand vermerkt: »hält sich für unwiderstehlich, ist aber dämlich und oberflächlich, dass es stinkt«. Aber auch liebevolle Nachrichten haben sich einige Freunde via Abibuch übermittelt. Dani dankt Jan für seine Liebe, Jan dankt Dani für ihre Liebe, Jana und Rike danken Nanette dafür, dass sie zum selben Mobilfunkanbieter gewechselt ist, um immer stundenlang kostenlos mit ihnen telefonieren zu können, Atina dankt Stephanie für ihre tiefe und ernsthafte Freundschaft, und Michael dankt seinen Eltern für deren Unterstützung und Vertrauen in all den Schuljahren. Ein Poesiealbum voller Erinnerungen, aus dem sie an diesem Abend am Pool in Mallorca stundenlang zitieren und sich gegenseitig die Anekdoten zu jeder noch so kleinen Bemerkung erzählen. Erst nachts um kurz nach vier hören sie auf zu quatschen und gehen ins Bett, mit dem guten Gefühl, einen würdigen Abschluss-Abend erlebt zu haben. »Wir waren uns da echt nah an dem Abend, find ich«, wird Alexa nachher erzählen. Es sind die kleinen Geschichten und die großen Geständnisse, die diese Reisen prägen. Alle geben nochmal etwas preis, wollen den Augenblick nutzen. Die Abifahrt ist die letzte Verlängerung der Schulzeit, die letzte Station des alten Lebensabschnitts. Bald beginnt für sie alle das echte Leben, die Uni, die Ausbildung. Jeder geht dann seinen eigenen Weg. Dieses schöne Gefühl von Gemeinschaft werden sie wohl nicht mit hinüberretten können, fürchten sie. Umso mehr genießen sie es jetzt.

Auch in den Erinnerungen an die Zeit in Prag dominiert ein ruhiger Abend. Der warme Wind ist durchsetzt mit Blütenpollen, es riecht nach Grillfleisch und nach frischem Gras. Sie sitzen in einem Park an der Moldau, aneinandergelehnt, liegen, den Kopf im Schoß der Freundin abgelegt. Neben ihnen im Rasen brennen ein paar rote Friedhofskerzen, deren sanftes Licht sie alle sehr glücklich aussehen lässt. Das ist sie also, die geile Zeit, von der immer alle reden. Alles ist gut, die erste große Hürde im Leben ist genommen, jetzt haben sie sich ein bisschen Entspannung verdient – das ist ihr Gefühl. Es ist die Sorglosigkeit dieser Wochen, an die sie immer wieder schwärmend zurückdenken werden.

Zufällig sind sie dort auf der Wiese gelandet, eigentlich haben sie sich am späten Nachmittag nur dort niedergelassen, um ihre gekauften Sandwiches zu essen, dann wollten sie weiter durch die Stadt streifen. Aber irgendwie sind sie sitzen geblieben, haben den Weißwein aus den Einkaufstüten hervorgeholt, sich in einem nahe gelegenen Haus die Flasche öffnen lassen und den Sonnenuntergang angeschaut. Sie lachen noch Tage später, als sich auf dem Laptop das Foto öffnet, auf dem Stephanie stolz wie Oskar mit der geöffneten Flasche aus dem Wohnhaus heraustritt. Es folgt ein Video, auf dem sie kichernd erzählt, mit welchen Gesten sie sich dem verdutzten tschechischen Opa erklärt hatte. Der Abend endet – wie früher mit 15 auf den ersten gemischten Partys – mit Wahl-Wahrheit-oder-Pflicht. Stephanie muss an diesem Abend noch einmal mit den Tschechen in Kontakt treten und einen beliebigen Passanten für ein Foto umarmen, die gemeinsame Freundin Theresa berichtet von der Scheidung ihrer Eltern und dass ihre Mutter damals einmal gesagt hatte, die Ehe mit »diesem Mann« sei der größte Fehler ihres Lebens gewesen, Atina gibt nach langem Zögern zu, dass sie wieder angefangen habe, sich zu übergeben, und Stephanie muss unter Zuhilfenahme ihres Handrückens ihren ersten Kuss mit ihrem Grundschulfreund nachspielen.

9 Hot or not?

Projekt Traumkörper

Ich wär lieber reich als sexy, aber was soll man machen

40 778 Mitglieder

Sonne, Strand und Meer, das klang super. Aber die Vorstellung, die halbe Abifahrt über in Bikini oder in Badehose herumzulaufen, hatte nicht allen gefallen. Den Hintern nur von einem dreieckigen Lappen verdeckt präsentieren, ganz ohne Push-up das Haus verlassen oder ohne weites T-Shirt vorm Bauch – den Mitschülern jede einzelne Problemzone offenbaren? Am Ende blieb ihnen nichts anderes übrig. Aber im Vorfeld hatte der Urlaub am Wasser bei einigen für Gesprächsstoff gesorgt. Alexa und Dani hatten sich zu ihrem Bikini extra noch ein farblich passendes Seidentuch gekauft, um es sich am Pool um die Hüften zu binden. Aber auch die jungen Männer hatten zwischen den letzten Prüfungen und der Abifahrt nochmal ihr Sportpensum erhöht, waren nochmal auf die Sonnenbank gegangen und hatten statt der engen Badehose mit Bein dann doch lieber noch eine Bermudashorts gekauft, wohl wissend, dass sie sich mit ihren Abikilos darin dann doch freier fühlen würden.

Während der Prüfungszeit haben viele von ihnen eine Auszeit vom Projekt Traumkörper genommen, haben weniger Sport getrieben und gegessen, so viel sie wollten. Morgens in der Schulpause keinen Apfel, sondern ein Baguette mit Schinken, nachmittags Nudeln statt gedünstetem Gemüse und abends beim Lernen noch eine Tafel Schokolade hinterher. »Wenn man so viel arbeitet, dann muss man sich auch mal belohnen zwischendurch. Sonst hält man das nicht durch«, sagt Jana. Das Ergebnis sieht man ihnen an. Einige haben zwei, drei Kilo zugenommen. Zwar ist das kein Grund für Depressionen, aber auch kein Zustand, den sie hinnehmen. Eine attraktive Figur ist ein Muss. Frauen setzen dabei auf Maßregelung beim Essen – etwa zwei Drittel aller weiblichen Jugendlichen haben nach Angaben der Ärztekammer Niedersachsen mindestens einmal eine Diät zur Gewichtsreduzierung gemacht. Männer hingegen setzen eher auf exzessiven Sport, trainieren zum Teil täglich. Nur noch die Hälfte der in der Shell-Studie befragten Jugendlichen ist mit ihrem Körper zufrieden, so wie er ist. Der Rest empfindet sich als zu dick oder zu dünn. Und auch der Druck, diesem Gefühl nachzugeben und mittels übertriebener Diäten, chemischer Hilfsmittel oder auch Operationen den Körper in die gewünschte Form zu bringen, ist stark gestiegen. Nicht selten mündet eine profane Abspeckkur in eine handfeste Essstörung. Nach Angaben der Ärztekammer Niedersachsen leiden allein in Deutschland mindestens 220 000 Menschen im Alter von fünfzehn bis vierundzwanzig Jahren an Magersucht oder Essbrechsucht. Und diese Zahl beinhaltet nur jene Essgestörten, die so krank sind, dass sie deshalb behandelt werden mussten.

Atina ist ein solcher Fall. In der Mittelstufe hatte sie stark abgenommen, hatte sich von einem dicken Mädchen zu einer schlanken jungen Frau entwickelt – und war von ihren Freundinnen mit Komplimenten überschüttet worden. So fing es an. Zunächst hatte sie nur versucht, keine Angriffsfläche für Spott mehr zu bieten, dann sei sie süchtig geworden nach der Anerkennung für ihre Figur und irgendwann dann auch nach dem zerrenden Gefühl eines leeren Magens. Spät fiel ihren Eltern auf, dass etwas nicht stimmte. Atina war ein Vierteljahr in Behandlung gewesen und aß danach wieder »halbwegs normal«, wie sie sagt. Und brach kaum mehr. In der Abiphase verwandte sie dann zu viel Konzentration auf das Lernen und rutschte ins alte Muster zurück. Aß tagelang fast nichts, dann wieder ganz viel. Angesichts der Wahl-Wahrheit-oder-Pflicht-Frage auf der Abifahrt, was sie sich am meisten wünsche, war sie in Tränen ausgebrochen: »Mich einfach mal wohlfühlen, wie ich bin«, hatte sie geantwortet. Stephanie wusste von Atinas Essstörung, die anderen beiden Freundinnen hatten es bisher immer nur geahnt. Das Geständnis hat sie betroffen gemacht, aber nicht schockiert. »Sie muss einfach wieder zu sich selbst finden, herausfinden, was sie kann und was ihr die Kraft gibt, das hinter sich zu lassen«, erklärt die Chor-Freundin, als sie Tage später über den Urlaubsfotos zusammensitzen. Sie klingt, als gebe sie Beziehungstipps. Zwar raten sie Atina auch jetzt alle noch einmal, die Sache mit professioneller Hilfe anzugehen, aber dabei bleibt es. Grund zur Panik ist das nicht für die Mitwisserinnen. Extrem mag das bei ihrer Freundin ja sein, aber exotisch? Nein. In der Nacht neben dem Prager Friedhof hatte sich Stephanie mit der Unzufriedenheit über den eigenen Körper gleich an Atinas Geständnis angeschlossen. Und auch die anderen beiden hatten geklagt, von Diäten berichtet, von nächtlichem Hunger, der beißt, und von allerlei Experimenten mit chemischen Hilfsmitteln.

Die vielen verschiedenen Möglichkeiten abzunehmen kennen sie alle: kaum was essen, Sport treiben, sich mal erbrechen, sich wochenlang nur von Suppe ernähren. Das sind die Methoden, die sie nicht erst seit gestern praktizieren. Mit dem Abnehmen beschäftigen sich viele junge Frauen aus der Stufe schon seit Jahren. Wer mit vierzehn seine erste Diät gemacht hat, liegt gut im Schnitt. Jeder fünfte Jugendliche unter achtzehn Jahren zeigt bereits »Symptome eines essgestörten Verhaltens«, wie die Bundeszentrale für gesundheitliche Aufklärung ermittelt hat. Wie selbstverständlich gehören auch Abführpillen oder Abführzäpfchen zum Repertoire der Jugendlichen. Gängige Lösungen für ein gängiges Problem, das sie fast alle betrifft, beziehungsweise von dem fast alle glauben, es beträfe sie. Fünf bis zehn Kilo abnehmen, das würden die meisten Mädchen aus der Stufe nur allzu gerne. Je schneller, desto besser. Sport in Maßen und eine gesunde Ernährung – da wartet man viel zu lange auf ein sichtbares Ergebnis. Und gar nichts essen – das macht bloß schlapp und träge. Atina hat es vorgemacht. Sie konnte sich immer schlechter konzentrieren, fehlte in der Mittelstufe oft, ihre Noten wurden schlechter. Außerdem hatte sie fast keine Brüste mehr, ihre Haare wirkten matt und ihre Haut fahl – Veränderungen, die die Mädchen in der Stufe zum Teil höhnisch registrierten. So viel wollten die meisten nicht aufgeben. Schlank sein, ja, aber doch nicht krank und unattraktiv. Ein schneller Ausweg: die Operation. Auch dafür gibt es ein paar Beispiele in der Stufe. Zwei junge Frauen haben neue Brüste und eine hat sich die Schlupflider entfernen lassen – und damit hat diese Kölner Stufe noch vergleichsweise wenige OP-Erfahrene. Laut Statistik der Deutschen Gesellschaft für Plastische und Wiederherstellungschirurgie (DGPW) ist inzwischen jeder vierte Patient einer Schönheitsoperation zwischen fünfzehn und fünfundzwanzig Jahren alt.

Alexa sagt, sie habe mal überlegt, sich ihr Hüftgold absaugen zu lassen, und mit ihrer Mutter sogar einmal Preise verglichen, aber sich dann doch nicht getraut. Stattdessen praktiziert sie eine kostengünstigere Form des Abnehmens. Die zudem auch noch »sozialverträglich« ist, wie sie erklärt. Sie variiert in der Methode. An Tagen mit wenig Stress versucht sie schlicht weniger zu essen. Hat sie tagsüber viel in sich hineingeschlungen, nimmt sie abends eine Abführpille. Falls sie mit der Entleerung nicht bis zum nächsten Morgen warten kann, weil sie abends keinen Blähbauch durch die Clubs tragen will, erbricht sie sich. Und wenn sie gerade keine Magenkrämpfe hat, treibt sie Sport. Das klappt ganz gut, sagt sie. Peinlich ist es ihr nicht, darüber zu sprechen. Eher hält sie ihr situationsabhängiges Verfahren für das Vernünftigste, was im 21. Jahrhundert von einer jungen Frau in einer Industrienation erwartet werden kann. Das sagt sie auch so.

Die meisten jungen Männer machen das anders. Während laut Nationaler Verzehrstudie II elf Prozent ihrer Altersgenossinnen ständige Diät halten, sind es unter ihnen nur sechs Prozent. Ihre Methode ist Bewegung. Viele von ihnen trainieren im Fitnessstudio, viele noch zusätzlich zu dem Mannschaftssport, dem sie nachgehen. Der Grund für die Aktivität ist immer derselbe. Junge Männer wie Frauen sind sich sicher, dass sie ohne attraktiven Körper keine Chance beim anderen Geschlecht haben. Gesundheitliche Gründe für ihr Fitnesspensum oder ihre Diät geben die wenigsten an. Einige der Mädchen nehmen ab, um sich selber wieder schön zu finden, aber bei den Jungs geht es beinahe ausschließlich um die Außenwirkung. »Wenn du einen untrainierten Körper hast, dann drehen sich die Mädels doch direkt weg im Club, wenn du die anquatschst, da stehen sie gar nicht drauf«, erklärt Dennis. Seit er ein paar Bilder ins studiVZ gestellt habe, auf denen sein nackter Oberkörper zu sehen war, habe sich seine Quote eindeutig verbessert, erzählt er. Ihm antworten mehr fremde Mädchen auf seine Anmachmails als vorher. Darüber freut er sich. Bald wolle er die Fotos austauschen, in Sachen Sixpack habe sich bei ihm im letzten Vierteljahr wieder was getan. Da müsse die Frauenwelt natürlich auf den neusten Stand gebracht werden.

Casting 2.0

Den Körper im Internet zur Bewunderung freigeben, das ist nicht ungewöhnlich. Wer es sich leisten kann, stellt Strandbilder rein, manche jungen Frauen sogar Fotos in Unterwäsche. Die einen machen es versteckter und tarnen ihre Beinahe-Nacktfotos als lustige Schnappschüsse, die anderen gehen offensiver vor: ein lasziver Blick, High Heels, leicht gespreizte Beine und dazu ein Zweiteiler mit Spitze von H & M. Fürs Ego lohnt sich so viel Offenheit immer. Aber auch wer sich weniger leicht bekleidet präsentiert, kann mit Komplimenten rechnen. Ein süßes Selbstporträt, aufgenommen von schräg oben, auf dass schüchterner Blick und aufdringliche Auslage gleichermaßen zur Geltung kommen, und eine Flut anzüglicher Kommentare männlicher User ist einem sicher.

Aber auch die Jungs selbst tun sich leicht mit der Herausgabe privater Fotos. Eingeölt und mit nichts als einem von Mamas Handtüchern bedeckt, räkeln sie sich auf ihrem Kinderbett – solche Posen findet man häufig. Bewertungen sind da durchaus erwünscht. Die soziale Netzwerkseite Facebook hat unlängst auf die Bereitschaft ihrer Nutzer zur Selbstdarstellung reagiert und eine neue Applikation eingeführt. »Hot or not« – heißt es dort. Der Benutzer bekommt die Profilfotos zweier Menschen aus seinem virtuellen Freundeskreis nebeneinandergestellt und darf per Mausklick entscheiden: Wer ist heiß und wer ist es nicht? So wird jeder Nutzer Teil eines großen Castings. Einer Jugend, die es längst gewohnt ist, sich zu präsentieren, anzupreisen und für sich selbst zu werben, fällt das kaum mehr auf. Die Bewerteten können sich das Ergebnis später ansehen und sich im Zweifelsfalle trösten. »Na ja, immerhin bin ich gegen Alexa rausgeflogen, die ist ja wirklich hübsch.« Sich der Bewertung komplett entziehen kann man nur, wenn man seine Privatsphäre im Netzwerk so streng einstellt, dass man Facebook nicht mehr im vollen Umfang nutzen kann.

Als seltsam empfindet Dennis es nicht, wenn Menschen ausschließlich aufgrund ihres Äußeren beurteilt werden. Er findet das nur ehrlich. »Es geht doch überall nur darum, wie du aussiehst«, sagt er. Deswegen finde er auch »Are u hot« auf Viva besser als alle anderen Castingshows, die seien doch heuchlerisch. Eigentlich gehe es doch auch da nicht wirklich darum, wie jemand tanze oder laufe. Bei »Are u hot« machten sie wenigstens keinen Hehl daraus, dass sie den Bewerberinnen nur auf die Titten starren, findet er. Und die drei Sätze, die Bewerber auf der Bühne sprechen dürfen, um auch in der Kategorie Personality kompetent bewertet werden zu können, sind ihm schon zu viel. »Interessiert doch keinen, wer die sind, solange die geil aussehen«, sagt Dennis. Würde er sich denn in ein Mädchen verlieben, das nicht so eine Figur hat wie die Frauen in der Sendung? »Ja, klar, wenn sie lieb ist«, sagt er.

10 Berufe raten

Häufig gestellte Fragen

Verdammte Scheiße, ich muss irgendwie reich werden!

42 845 Mitglieder

Als sie fürs Abibuch Auskunft über ihre weiteren Pläne geben mussten, haben sie alle noch ganz mühelos auf die Frage geantwortet: »Wer bist du in fünf Jahren?« Aus dem Bauch heraus haben sie sich festgelegt, so kess, dass manche Eltern nur ein entsetztes Stöhnen über die weltfremden Karrierepläne ihrer Sprösslinge von sich gaben, als sie auf dem Abiball die Bücher kauften und darin lasen. »DAX-Unternehmerin«, hatte Alexa geschrieben, »Manager«, hatte Tim geantwortet und Isabell gar »Staranwältin«. Rike war sich sicher, sie sei bis dahin Modedesignerin, und Jan meinte, er habe dann schon ein paar Alben aufgenommen. Nach jungen Menschen, die in dieser Abiturzeitung angeben, sie seien in zehn Jahren Floristen, Bankangestellte oder Sozialpädagogen, muss man schon suchen. Es gibt sie, aber die Mehrzahl hatte im Februar – mit sicherer Distanz zur Arbeitsrealität – noch sehr ehrgeizige Pläne. Selbstbewusst haben sie sich gegeben, überzeugt davon, ganz vorne mitzumischen. Eine weitere Frage im Steckbrief, den sie alle für das Abibuch beantworten mussten, forderte die Selbstüberschätzung nahezu heraus: »Welches Magazin wird über dich berichten?« Sie alle haben darauf geantwortet, selbst die, die es zunächst ein bisschen anmaßend fanden. Große Namen findet man dort. Der eine meint, das US-Wissenschaftsmagazin Science würde über seine Forschungen schreiben, die andere sah sich im Playboy, und wieder andere sagten, sie würden irgendwann ihr eigenes Fernsehformat produzieren, und die Medienseite der Süddeutschen Zeitung berichte darüber. Bescheidenheit? Fehlanzeige.

Qual der Wahl

Jetzt, nur vier Monate später, im Juni, sind sie in der Realität angekommen. Es geht nicht mehr darum, wo sie in zehn Jahren sind, sondern wie sie die Sache jetzt anfangen. Sie müssen nicht angeben, wer sie mal werden wollen, sondern wer sie heute sind. Das ist viel schwieriger, finden sie. Etwa die Hälfte der jungen Männer hat noch ein bisschen Zeit, für sie steht Bund oder Zivildienst auf dem Programm. Aber die anderen müssen jetzt eine Entscheidung treffen – aus einer Fülle von Möglichkeiten. »Wenn ich damals so frei hätte wählen können, ich hätte mich gefreut«, hören sie von den Eltern, die die Wankelmütigkeit ihrer Kinder häufig nicht verstehen können. Die Jugendlichen sehen das anders: »Wir haben zwar viele Möglichkeiten, aber wir können auch viel falsch machen. Ich wünschte mir manchmal, ich hätte nur drei Berufe zur Auswahl«, sagt Sophia. Ihren Eltern kann sie so was nicht entgegnen. Die haben schließlich ihr Leben lang dafür gearbeitet, dass sie frei entscheiden kann. Unabhängig von ihrem Geschlecht, unabhängig von den Kosten und beinahe unabhängig von allen elterlichen Vorstellungen: »Was würde euch denn gefallen?«, hatte Sophia einmal beim Tischdecken ihre Mutter gefragt. »Uns gefällt das, was dich glücklich macht«, hatte die geantwortet. »Na toll«, hatte Sophia entgegnet. In Sachen Berufswahl sind die Eltern für sie das Maß aller Dinge. Während andere Schüler, etwa von Gesamt- oder Hauptschulen, auf Berater vom Arbeitsamt oder Lehrer vertrauen, verlassen sich Gymnasiasten beinahe ausschließlich auf die Ratschläge ihrer Familie – und die macht sehr viel weniger konkrete Vorgaben, als sich mancher Jugendliche wünschen würde.

Falschmachen ist nicht drin

Die Angst, sich falsch zu entscheiden, ist groß – aber nicht neu: Sie begleitet sie, seit sie bewusst mitentscheiden. Das richtige Gymnasium musste gefunden werden, das richtige Wahlpflichtfach in der neunten Klasse, dann die Kurswahl in der Oberstufe, schließlich die Wahl der Abiturfächer. Diese Entscheidungen waren auch schon wichtig, aber betrafen immer nur die Schule. Egal, wie man sich entschied, ob richtig, ob falsch, man hatte sich noch nichts verbaut. Auch mit einem Abitur ohne Mathe als Leistungskurs kann man Ingenieur werden, und auch wer seine Schullaufbahn in Deutsch nicht mit Eins beendet hat, kann später Romane schreiben. Aber die Wahl, die sie jetzt treffen, die ist endgültig. Auf ihre Eltern, die immer besänftigend hinzufügen, man könne auch nach einer Ausbildung zur Industriekauffrau noch Jura studieren und das Studienfach Biologie auch nach einem Semester an den Nagel hängen und mit Medizin beginnen, hören sie nicht. Sie wollen direkt richtigliegen. Sie glauben, dass ihr Lebenslauf eine Richtung aufzeigen muss. Je früher sich diese abzeichnet, desto besser. Einen falschen Weg gehen, sich verzetteln, womöglich umentscheiden müssen und dabei Zeit verlieren – das kommt nicht infrage. Denn nicht mehr jeder Weg führt automatisch nach oben. Ihr Gefühl ist ein anderes als das ihrer Eltern und Großeltern. Es kann nicht nur aufwärtsgehen, sondern auch abwärts. An einem Tag glauben sie daran, eine Weltmarke zu etablieren, und dann wieder fürchten sie sich, bei Lidl an der Kasse zu enden. Auch wenn diese Angst nicht realistisch ist, sie ist Teil ihres Lebens, zu diesem Ergebnis kommt auch eine Studie des Instituts rheingold in Hamburg. »Die Teenager heute befinden sich in einer sehr kippeligen Situation: Sie wechseln gefühlsmäßig ständig zwischen Himmel und Hölle.« Die Ambivalenz ist ihr täglich Brot. Einerseits verheißen die Medien eine Karriere als Popstar oder Topmodel, und andererseits berichten sie in scheinbar nicht enden wollenden Beiträgen über die Krise auf dem Arbeitsmarkt und zeigen, wie normale Familien in die Armut abrutschen.

So ist ihre Berufswahl eine Wahl der Vernunft. Zukunftssicher soll der Job in spe sein und gut bezahlt. Das sind die wichtigsten Kriterien. Es scheint, als hätten die Eltern ihren eigenen Kindern unterschwellig vermittelt, dass sie mit ihrem Beruf vor allem Geld verdienen müssen und davon so viel wie möglich – und das allein durch ihr Beispiel, ohne ein Wort. Nun, wo die Entscheidungen getroffen werden, beginnen sie wieder dagegenzusteuern, wortreich. Nein, das habe er irgendwie missverstanden, hat Michaels Vater gesagt. Natürlich sei es wichtig, einen möglichst zukunftssicheren Beruf zu lernen, aber doch nur einen, der gefällt. Er habe den sichersten unter den vorstellbaren im Sinn gehabt. Und Michael hatte sich nur über die vorstellbaren unter den sicheren informiert. Dieses Missverständnis teilt er mit einigen anderen Jugendlichen seines Alters. Die Eltern haben stets vorausgesetzt, dass ihre Kinder so oder so nach ihren Vorlieben gehen würden, und deshalb gefordert, das Gehalt und die Sicherheit immer mitzubedenken. Dass ihre Kinder sich nur die Sache mit dem Ertrag merken würden, das konnten sie ja nicht ahnen. Michaels Eltern sind in dieser Zeit nicht die Einzigen, die sich darüber wundern, wie pragmatisch ihr Sohn und dessen Generation an die Berufswahl herangehen. Knapp zwei Drittel der jungen Menschen würden laut einer Bertelsmann-Studie für ihr berufliches Vorankommen auch Opfer bringen. Ein mögliches Opfer: den Kopf über die berufliche Zukunft entscheiden lassen und nicht das Herz.

Kopf oder Herz? Das treibt auch Jana um. Vor ein paar Monaten war sie sich noch sicher, was sie studieren würde: das mit den besten Aussichten. Auch die Überlegung, in welcher Stadt sie ihr Studium beginnen würde, verlief recht unkompliziert. Jana richtete sich nach dem Ranking. Dass sie besondere Ambitionen hat, das haben ihre Eltern schon während der Schulzeit bemerkt. Eine glatte Zwei in einer Klausur sorgte für einige Tage Missmut, eine Zwei auf dem Zeugnis gar zu Selbstkasteiung. »Ich kann doch nach so einer Pleite nicht feiern gehen«, entgegnete Jana auf die Aufforderungen ihrer Eltern, sich mal ein bisschen abzulenken vom selbst gemachten Leistungsdruck. Was ihr über den Prüfungsbögen nicht einfiel, das arbeitete sie zu Hause nach. Es ging ihr nie nur um die Noten. Das Gefühl, eine der Besten zu sein, gefalle ihr einfach, sagt sie immer. »Das Kind will Medizin studieren«, staunte die Mutter, als Jana zwischen zwei Gabeln Gemüselasagne ihre Pläne kundtat. Die

Neunzehnjährige hatte die Überraschung in den Gesichtern der Eltern genossen. Die Eltern fingen sich aber schnell. Nickten, waren einverstanden. Jana war fast ein bisschen enttäuscht. Sie hatte mehr Gegenwehr erwartet. Zumindest aber einen mütterlichen Überredungsversuch, sich nicht nach dem Prestige und dem Geld zu richten, sondern nach ihren Neigungen. Denn zwischen diesen zwei Polen ist sie hin- und hergerissen. Je näher die Entscheidung rückt, desto unsicherer wird sie sich. Ein Studium durchhalten, nur weil es vielleicht reich macht? Aber die Alternative ist auch nicht wirklich reizvoll. Auf die Frage nach dem Studienfach in Zukunft immer »Germanistik« antworten zu müssen – eine Horrorvorstellung. Was soll sie damit später machen? Am Ende entscheidet sie sich doch für ihre Leidenschaft: Literatur. Jana studiert Germanistik auf Lehramt. Das ist sicher und gut.

Rike hat Interesse an einer Schneiderlehre, am besten in Berlin, tendiert aber zu einer Designausbildung an einer angesehenen Hochschule, und Alexa könnte sich auch für BWL in Köln einschreiben, vertraut aber lieber auf einen speziellen Studiengang in München, ebenso wie Richard, der Physik studieren möchte und dafür auch nach Jena umziehen würde. Mit einem Studium kann man nichts verkehrt machen, denken die meisten, es sei – wenn abgeschlossen – immer noch die beste Versicherung gegen Arbeitslosigkeit und sozialen Abstieg. Das belegen auch die Zahlen. Laut Hochschul-Informationssystem (HIS) liegt die Quote der Erwerbstätigen mit abgeschlossenem Hochschulstudium auf sehr hohem Niveau. 90 Prozent der Absolventen sind zehn Jahre nach dem Examen erwerbstätig und erzielen ein Bruttojahreseinkommen von durchschnittlich 60 000 Euro. Noch beliebter sind die dualen Studiengänge, die eine akademische und berufliche Ausbildung vereinen. Wer so ein Studium absolviert, hat zumindest eine gute Chance auf eine Übernahme.

Aber auch betriebliche Ausbildungen feiern eine Renaissance. Erst Abi, dann arbeiten – immer mehr entscheiden sich für diese Abfolge. 2008 waren es laut Hochschul-Informations-System (HIS) 28 Prozent aller Studienberechtigten. Gleichzeitig schrumpft die Gruppe der Studienanfänger, und das, obwohl die Zahl der Abiturienten jährlich steigt. Bei einigen liegt es am finanziellen Aufwand, den ein Studium bedeutet, andere bekommen einfach keinen Platz. Aber viele sehen es auch so wie Max und Atina, die im Herbst eine Ausbildung beginnen. Max wird Koch, Atina Hotelkauffrau. »Ich möchte etwas Handfestes lernen, etwas Konkretes«, schildert Max seine Gründe für eine betriebliche Ausbildung. Nach einem geisteswissenschaftlichen Studium könne man quasi alles werden, aber auch nichts. Das ist ihm zu vage. Einige in der Schule hätten sich zwar gewundert, dass er nicht studieren will, obwohl er mit einer guten Note abgeschlossen hat, aber eigentlich hätten sie alle recht positiv reagiert. »Man ist ja schon irgendwie der Exot, wenn man nicht BWL machen will«, sagt er grinsend. Aber auch unter den Abiturienten, die eine Ausbildung anfangen wollen, ist Max mit seinem Berufswunsch Koch eine Ausnahme. Bei den anderen liegen die Klassiker ganz vorne: alle kaufmännischen Ausbildungen sowie Fachinformatik und Steuerfachangestellte: Diese betrieblichen Ausbildungsstellen werden überwiegend an Bewerber mit allgemeiner Hochschulreife vergeben.

»Wieso denn ausgerechnet Koch? Sie machen doch Abi, oder?«, lautete deshalb die erste Frage beim Einstellungsgespräch. Achtung Fangfrage, blinkte es sofort in Max' Kopf. Jetzt bloß nichts Überhebliches antworten. Im Vorzimmer hat er zwei andere Bewerber kennengelernt, einer davon war auch Abiturient. Der hohe Schulabschluss bedeutet schon lange keine Ausnahme mehr auf dem Ausbildungsmarkt. Die meisten Ausbilder, bei denen er sich beworben hat, hatten das Abitur sogar als Voraussetzung angegeben. »Ich koche sehr gerne, interessiere mich für Geschmackskombination, für Lebensmittel und möchte gerne eigene Gerichte kreieren«, hat Max gesagt. »Erst mal werden Sie aber Kartoffeln schälen«, hat der erfahrene Koch entgegnet. »Ja, klar.« Erst wollte er noch ein »Mache ich auch gerne« hinzufügen, hat es dann aber doch gelassen, um nicht zu schleimig rüberzukommen. Der Chef grinste, als sie sich per Handschlag verabschiedeten. »Wir melden uns«, hat er versprochen. Zwei Wochen später kam die Zusage. Für Max eine Erleichterung. »Jetzt werde ich Koch«, verkündet er fröhlich. Und er hofft, es für immer zu bleiben. So wie sie alle hoffen, den einen Beruf, für den sie sich in diesen Tagen entscheiden, ein Leben lang auszuüben.

Keine Boheme

Die Vorstellung, später mal verschiedenen Tätigkeiten nachzugehen, womöglich sogar zeitgleich, behagt ihnen gar nicht. Eigenverantwortlich, projektbasiert, frei, unabhängig – im Kontext von Arbeiten klingt das für sie wie eine Drohung. Sie wollen einem Beruf für immer nachgehen, gesichert durch eine Festanstellung. An die Mär von einer Lebensweise jenseits dessen glauben sie nicht. Zwar imitieren sie die Lebensweise der digitalen Boheme – sitzen in Cafés, trinken Aufgeschäumtes, notieren schlaue Sätze in ihrem Moleskine-Kalender und tippen geschäftig E-Mails in ihr Macbook, aber das tun sie in ihrer Freizeit. Das Arbeitsleben eines Bohemien, wie Sascha Lobo und Holm

Friebe es in ihrem Buch »Wir nennen es Arbeit« beschreiben, kommt für sie nicht infrage.

Selbst die, die eine Zeit lang im Ausland verbringen wollen, verstehen den Trip nicht als Einstieg in ein selbstbestimmtes Arbeiten und Leben – so wie etwa Friebe und Lobo das Sabbatjahr als Einstiegsdroge in die digitale Boheme definieren. Es steckt kein Aussteigergedanke mehr dahinter, wenn sich Stephanie entscheidet, nach Südamerika zu gehen und dort ein freiwilliges soziales Jahr abzuleisten. Sie will etwas Neues sehen, will helfen und will sich ein bisschen Zeit verschaffen, bevor sie wieder ins Rennen um Job und Ansehen einsteigt. Den Rückflug aber wird sie schon gebucht haben, bevor sie in den Flieger nach Quito steigt. Wegfahren, Umwege gehen, sich mal abmelden – das gönnen sie sich nur für eine überschaubare Zeit. Wenn überhaupt. Denn was früher noch Selbstfindung hieß, nennt man heute »Lücke im Lebenslauf«.

Kaum ein Erasmusstudent käme auf die Idee, seinen Auslandsaufenthalt zum legitimen Blaumachen zu nutzen. Erfahrungen sammeln, Sprachkenntnisse verbessern und einen anderen Kulturraum kennenlernen – das sind die Ziele. Später kann man dann die University of Oxford in seinen Lebenslauf schreiben. Auch darum geht's. Leute, die sich treiben lassen, die nur einen Hinflug buchen, sich vor Ort noch keinen Praktikumsplatz oder ein Zimmer auf dem Campus reserviert haben, gibt es wenige. Längst ist das, was die Generationen davor noch als Abenteuer begriffen haben, zum Baustein geworden. Ein Steinchen im durchgeplanten Karrieremosaik. Sogar eine Hilfsaktivität in der Dritten Welt ist als Rundum-sorglos-Paket buchbar. Man bekommt ein Zimmer im Kinderheim gestellt, hat fixe Arbeitszeiten, und der Shuttle zum Flughafen am Ende des Trips ist auch inklusive. Und dass man nicht ohne Zeugnis wieder deutschen Boden betritt, das hat man auch vorab geklärt. Schließlich will man die Arbeit mit den benachteiligten Kindern auch nachweisen können.

Trotz des Wunsches, alles zu sehen und alles mal auszuprobieren, haben die meisten ganz konservative Pläne. Mal ins Ausland gehen – ja, klar. Mal das Fach wechseln, na gut. Mal ein Semester ein bisschen weniger machen, o. k., wenn's nicht anders geht. Erfahrungen machen – ja, sehr gerne! Aber eben nicht ewig. Und immer möglichst zielführend. Mit dem dreißigsten Lebensjahr soll dann aber Schluss sein mit dem Schabernack. Dann wollen sie eine Festanstellung. Sicherheit ist ihr eigentliches Berufsziel. Sie sind eine Generation von Bewahrern. Sie wollen den Jetztzustand konservieren, den elterlichen Fußspuren folgen. Das klingt nicht gerade sexy. Aber es ist verständlich.

Generation Casting

Der ständige Wettbewerb hat sie geprägt. Überall werden sie getestet, geprüft und bewertet: Nicht jeder wird genommen, sondern nur die Besten. Und da wollen sie alle dazugehören. Viele Universitäten geben sich nicht mehr mit dem Abiturdurchschnitt als einziger Angabe zufrieden. Sie verlangen Bescheide über Praktika und Zertifikate, fragen nach der Motivation oder laden zu mehrstündigen Klausuren und Gruppengesprächen. Wer etwas Kreatives studieren möchte, der muss ganze Mappen voller Arbeitsproben einschicken, vor Jurys seine Werke erklären und Wissenstests durchlaufen. Einen Studienplatz kriegt der, der schon was kann, der schon Erfahrung hat, schon eine Vita vorweisen kann. Und wer einen bilingualen Studiengang anstrebt, der braucht sich ohne umfassende Sprachkenntnisse gar nicht zu bewerben. Die Erklärung, dass man sich für einen deutsch-französischen Studiengang bewirbt, um Französisch zu lernen, ist naiv – die kann man sich sparen. Selbst Nanette, die den Französisch-Leistungskurs mit einer guten Zwei beendet hat, hatte bei den Auswahltests das Gefühl, den Ansprüchen nicht zu genügen. Mit Zusagen rechnet sie kaum, als sie sich im Juli bewirbt. Am Ende werden alle drei Universitäten sie ablehnen, und sie wird erst mal gar nichts machen. Eine Alternative hat sie sich nicht überlegt. Der Plan B? Abwarten und es im nächsten Jahr nochmal versuchen. Das heißt also: weiter bewerben, wieder bewerben, immer bewerben.

Für sich werben, sich anpreisen, sich verkaufen – das kennen sie alle. Sie gehören zur Generation Casting – müssen immer und überall bereit sein, sich ordentlich zu präsentieren. Isabell musste erst unbezahlt Probe arbeiten im Club, bis sie als Kellnerin engagiert wurde. Sogar Tobi und Dennis mussten für ihre Zivijobs über ihre Stärken und Schwächen Auskunft geben, und das, obwohl sie voraussichtlich Flure kehren und Mahlzeiten umherkutschieren werden. Selbst für einen Babysitterjob musste Dani einmal einen Lebenslauf einreichen, sich dem Fragenkatalog der Eltern stellen und danach unter Aufsicht eine unbezahlte Probestunde mit dem kleinen Mädchen verbringen. Nicht ungewöhnlich. Kein Nebenjob ohne Probearbeitstag, kein WG-Zimmer ohne Bewerbungsgespräch, keine Beziehung, ohne nicht vorher einem umfassenden Bildungscheck unterzogen zu werden. Überall wird man geprüft, befragt, durchleuchtet und gebeten, »mal kurz seinen Werdegang zu umreißen«. Unter Beobachtung zu stehen ist ein Dauergefühl dieser Generation. Nicht zu Unrecht. Beinahe die Hälfte aller Unternehmen vergeben ihre Posten an Menschen, die ihnen persönlich bekannt sind. Da reicht es also nicht mehr, Bewerbungsmappen rumzuschicken. Man muss sich bekanntmachen. Und das bedeutet auch: Jedes scheinbar unverfängliche Gespräch kann ein Bewerbungsgespräch sein. Sich zu präsentieren ist diesen jungen Menschen längst ins Blut übergegangen. Selbstdarstellung sind sie gewohnt.

Sich verkaufen können ist eine Tugend. Für keinen der Abiturienten ist diese Wendung negativ konnotiert. Alexa zeigt, wie's geht: »Aufgrund der frühen Scheidung meiner Eltern bin ich sehr viel selbstständiger als viele meiner Altersgenossen«, hatte Alexa einmal im Anschreiben für eine Praktikumsstelle angeführt und sich nachher beim Bewerbungsgespräch gewundert, warum der Personalchef das so makaber fand. Auch dass sie sich, obwohl sie erst in der elften Klasse in ihre neue Stufe gekommen war, bereits eine Führungsrolle in der Clique erarbeitet hatte, führt sie gerne an. Die Hackordnung sei zwar nicht unbedingt etwas, das man offiziell bespreche, hat sie hinzugefügt, aber es verrate doch etwas über ihre Talente. Hier werde schließlich geübt, was nachher im Job gefordert sei: Durchsetzungsvermögen, Führungsqualität und Selbstsicherheit. Als Anerkennung haben ihr die Mitschüler beim Abiball den Award in der Kategorie »Kann sich am besten verkaufen« verliehen. Und das völlig ironiefrei.

11 Drang zum Sturm

Weltverbesserer im Alltag

Brauche großen Balkon, damit ich zum Volk sprechen kann

60 507 Mitglieder

Abi geschafft. Abifahrt vorüber. Sieben Wochen sind seit der letzten Prüfung vergangen, langsam tut sich das Loch auf. Mittags aufstehen, chatten und im Internet surfen, dann gegen fünf ein Bier aus dem Kühlschrank holen, weiterchatten. Dann duschen, anziehen, stylen und feiern. Jeden Tag das Gleiche. Keine Aufgabe, kein Antrieb. Die ersten Wochen haben sie die freie Zeit noch genossen. Aber irgendwie hält der Stolz über das bestandene Abitur nicht so lange vor wie gehofft. Das schlechte Gewissen meldet sich. Michael schreibt in diesen Tagen Richard auf dessen digitale Pinnwand: »Dieses Rumhocken ist echt nervig. Komme mir voll nutzlos vor. Du hast es gut, hast immer neue Eindrücke in Amiland. Aber hier ist alles wie immer. Plötzlich kannst du den ganzen Tag Sachen machen, die du immer mal machen wolltest. Aber machst du dann doch nicht. Ich hänge nur rum und saufe. Ist halt eine Übergangszeit grad. Nervt irgendwie.« Zum Untätigsein, so meinen viele von ihnen, sind die Zeiten zu schlecht. Und sie haben das gesellschaftliche Streben nach Leistung so verinnerlicht, dass jeder freie Tag, an dem sie nichts Nennenswertes gemacht haben, sie nachdenklich stimmt. »Ja, irgendwie weißt du halt innen drin, dass du eigentlich was tun müsstest, dass das so nicht richtig ist«, erklärt Sophia. Je weniger Bewegung, desto mehr Gedanken.

Die Mädchenclique um Jana hat sich eine neue Beschäftigung gesucht, um die Tage rumzukriegen. Beinahe jeden Tag nach dem Aufstehen – also so gegen halb drei – treffen sie sich in einem Café auf der Aachener Straße. Heute, an einem sonnigen Tag Ende Juni, ist auch Jan gekommen. Eine Sensation, schließlich hatte er sich seit dem Abiball nur noch mit Dani, die die Mädchen um Jana gern »Wendy« nennen, im Doppelpack blicken lassen. Und Michael, der normalerweise eher mit Alexa, Tim und den anderen rumhängt, ist auch da. Er hatte Jana vor ein paar Tagen im studiVZ geschrieben, ob man nicht mal einen Kaffee zusammen trinken wolle. Sie hatte sich erst über seine förmliche Nachricht kaputtgelacht, ihn aber dann doch hierherbestellt.

Sie sitzen an einem langen Tisch in einem Raum mit roten Lederbänken, beklebten Holztischen und vielen weiß eingefassten Büchern in den Regalen. Die Mädchen trinken Latte macchiatto, die Jungs Bier, auf dem Tisch stehen zwei Aschenbecher und vier Laptops. Das ist normal, das machen sie immer so. Auch wenn sie sich zu Hause besuchen, bringen sie ihre Laptops mit: mal was nachschlagen, gemeinsam erhaltene Nachrichten analysieren und witzige Antworten formulieren. Und dass man sich über ein Chatfenster austauscht, obwohl man sich vis-à-vis gegenübersitzt, ist auch nicht ungewöhnlich. Für beide Geschlechter. Heute sind die Bildschirme runtergeklappt. Rike klagt ihr Leid. Sie hat sich für ein Praktikum bei einer Schneiderin beworben, eine Zusage bekommen und sich dann tatsächlich vor ihrem Vater dafür rechtfertigen müssen. Warum sie denn nicht mal ein bisschen die freie Zeit genießen würde, arbeiten müsse sie schon schnell genug wieder, hat er gefragt. »Ich fass es nicht«, kommentiert Rike vor ihren Freundinnen. »Soll der sich mal freuen, dass ich mir was überlege, oder?«, fragt sie rhetorisch in die Runde. Jana kennt diese Kommentare von ihren Eltern: »Die raffen halt nicht, dass es nicht mehr so läuft wie früher, dass man nicht gleich 'nen Job findet, wenn man sich denn mal entscheidet zu arbeiten«, sagt sie sarkastisch. »Das Leben ist kein Ponyhof«, wirft Jan ein. Sie lachen.

Früher war alles besser

»Früher war's mal einer. Mein Papa kam damals mit 29 und einem abgebrochenen Studium in der Tasche zu einer Werbeagentur und führt die heute«, erzählt Jana und hebt die Schultern, während sie spricht, als erzähle sie ein fantastisches Märchen. »So läuft das nicht mehr«, argumentiert sie nüchtern. Ihr überlanger Pony, die Sternen-Ohrringe in Pink und die dunkelblaue Leggins unter dem XXL-Kapuzenpulli – das alles will nicht so recht passen zu diesen abgeklärten Sätzen, die sie immer wieder von sich gibt. Ihr Auftritt ist der einer H & M-Mitarbeiterin, ihre Sprüche sind die eines CDU-Ortsvereinsvorsitzenden, zumindest manchmal. In ihrer Stufe fällt sie damit nicht auf. Als »Realisten mit Träumen« hat ein Journalist ihre Altersgruppe mal bezeichnet. Das hat Jana gefallen. Gewohnt sind sie und ihre Freunde aber etwas anderes, eher so was wie traurige Streber oder wirtschaftshörige Jugend. Die Vorwürfe an ihre Generation kennen sie nur allzu gut. Hier ein Leitartikel, dort ein Dossier. Gerade ist wieder in einer überregionalen Zeitung ein Essay über die Jugend ohne Ideale erschienen. Auch in diesem Text kommen sie nicht so gut weg. »Wie sind denn die ganzen Journalisten zu ihren Jobs bei FAZ und Co. gekommen? Haben die ihre Chefs alle beim Kiffen kennengelernt oder was?«, polemisiert sie. Die Freunde lachen, sie haben den Artikel auch gelesen und sich schon darauf gefreut, wie Jana sich darüber aufregen würde. »Nein, Quatsch, ich weiß es«, fährt sie fort, »wahrscheinlich kennen die sich von einer Demo, und weil der Autor so engagiert gegen den Vietnamkrieg angebrüllt hat, bekam er gleich ein eigenes Büro und 'ne junge Sekretärin, die Revoluzzer spielt, wenn er Bock drauf hat.« Rike hält sich den Bauch vor Lachen, Kaffee läuft ihr das Kinn runter. Jana spricht ihr aus der Seele. Sie kennt diese Forderungen nach Auflehnung und Rebellion nur zu gut. Ihrem Vater fällt es schwer, die passive Reaktion der Tochter auf die veränderten Bedingungen zu verstehen, wo sie doch sonst so schlau und aufgeweckt ist. Dieses Übermaß an Pragmatismus ist ihm fremd. Er will nicht glauben, dass seine alte Allzweckwaffe, das Demonstrieren, nichts mehr bringt. Aber die Welt, wie sie heute ist, verändert nicht mehr ein Kanzler, sondern der Markt. Und der lässt sich nicht umstimmen – der reagiert bloß verstimmt. In einem halben Jahr werden sie anlässlich der Finanzkrise auf einer WG-Party noch einmal in ähnlicher Konstellation über dieses Thema sprechen. Dass der Staat dann gerade dabei sein wird, die Wirtschaft zu stützen, das wird sie verunsichern. Haben sie doch immer an den Kapitalismus geglaubt. Zurückbleiben wird bei ihnen nicht ein neues Gefühl von Vertrauen in die deutsche Regierung und ihre europäischen Bündnispartner, sondern Unsicherheit. Wenn schon auf die Wirtschaft kein Verlass mehr ist, worauf dann?

Jugend rebelliert

Wogegen sie rebelliere, sei ihrem Vater schon fast egal, scherzt Rike immer. Einmal in der Abiphase habe sie ihn gebeten, samstags bei einem Kumpel zu pennen, weil sie ein paar Leute zum Lernen einladen wollte, »dann hat der mich total enttäuscht angeguckt, als wär es ihm lieber, wenn ich die Wohnung für einen Gang Bang brauchte«. Die Freunde lachen. »Nimm deinen Papa mal in den Arm, offenbar hat er das Gefühl, er hätte was verpasst. Ist doch alles Projektion«, sagt Jana gespielt psychologisierend und hebt dazu den Zeigefinger. Die Freunde lachen. Traurig sehen sie schon mal nicht aus. Und Streber sind sie gerne, wenn das bedeutet, dass sie in vier Jahren so viele Qualifikationen angehäuft haben, dass man sie einfach einstellen muss.

Und das mit der Auflehnung? »Scheint irgendwie so ein Gradmesser für die normale jugendliche Entwicklung zu sein«, analysiert Michael. Die anderen nicken. Alle wollen, dass die Jugendlichen Krawall machen. Aber wieso sollten sie die Straßen verstopfen, rumbrüllen, Steine schmeißen und Mülltonnen in Brand setzen, um für den Weltfrieden zu werben? Was sollte das bringen? »Außerdem«, setzt Nanette an, »sind wir ja nicht komplett desinteressiert oder so.« Sie zum Beispiel sei schon ein paarmal auf Demos gewesen, gegen Ausländerfeindlichkeit in Köln, gegen das Zentralabitur und gegen Kopfnoten. Es sei doch logisch, dass man nur dann demonstriert, wenn theoretisch die Möglichkeit besteht, dass es was bringt. »Ja, gut, o. k., wenn es mir was bringt«, räumt sie ein. Sie schweigen, als überprüften sie alle in Gedanken ihre Demoerfahrung auf egoistische Motive.

»Warum müssen wir uns eigentlich dafür rechtfertigen, dass wir nicht randalieren?«, fragt Michael. Das Problem sei doch, dass die, die in den Medien Erwartungen darüber formulierten, wie die heutige Jugend sich verhalten solle, von ihrer Jugend in den sechziger und siebziger Jahren geprägt seien. Jede andere Generation davor würde sie vielleicht anders wahrnehmen, anders bewerten. Es habe ja davor auch angepasste Jugendgenerationen gegeben. Die Großeltern hätten sich Hitler angeschlossen, der Urgroßvater sei in den Ersten Weltkrieg gezogen. Und die Bewegungen davor hätten auch nicht zum Ziel gehabt, die Welt zu verbessern, sondern eigene Interessen durchzusetzen, wenn nicht sogar zuallererst zu fechten, zu wandern, zu turnen und zu trinken.

Und bei denen, die sich wirklich aus politischen Gründen zusammengetan hatten, sei da nicht irgendwann der Aktionismus stärker geworden als das Anliegen, das Event größer als die Überzeugung? Es ist klar, auf welche Frage das hinausläuft: Wer darf hier werten? Mit welchem Recht? Aufgrund welcher Verdienste? Wer hat denn die perfekte, ideologisch unantastbare, gewaltfreie und ausschließlich altruistisch motivierte Jugendrevolte durchgezogen? Und selbst wenn es eine Gruppe gäbe, die sich dessen rühmen könnte: Hat Auflehnung einen Wert an sich? Je mehr Fragen sie aneinanderreihen, desto größer wird ihr Ärger. Und für eigene Interessen kämpfen, das tun sie schließlich auch. Aber ihre obersten Interessen sind eine Familie, ein Job, ein Heim.

Und den Rest? Haben sie schon: Recht auf Selbstbestimmung, Religionsfreiheit, Demokratie, gesicherten Besitz, Gleichberechtigung, eine staatliche Krankenversorgung und Meinungsfreiheit. »Ich weiß manchmal gar nicht, was ich noch fordern sollte«, sagt Jana. Ihr ginge es doch gut, weit besser als so vielen anderen Menschen. Wäre es da nicht irgendwie vermessen, noch zu klagen? Sie ist nicht allein mit diesem Standpunkt. Die Jugendlichen wissen nicht, wogegen sie ankämpfen sollen, bestätigt Stephan Grünewald vom Institut rheingold. Sie sind aufgewachsen in Wohlstand und Sicherheit und Freiheit, ohne große Probleme.

»Ja, wir leben gut«, wirft Jan an. Er hat bisher kaum was gesagt, hat nur zugehört und manchmal den Kopf zu einer Seite und dann zur anderen geneigt, als würde er sagen wollen: »Na ja, so einfach ist es nicht.« Jetzt tut er es endlich. »Klar, bei uns ist im Moment noch alles gut. Aber was ist in fünfzig Jahren? Wer muss denn die ganze Staatsverschuldung dann ausbaden? Wir! Und dann sieht es nicht mehr so rosig aus«, argumentiert er. Die anderen überlegen. Jan holt nochmal aus: »Wir Jungen müssten alle gemeinsam fordern, dass die Ausgaben reduziert werden, so dass unsere Generation später keinen Schuldenberg vorfindet.« Nanette nickt. Michael nicht. Da machten doch niemals alle mit, argumentiert er. Das sei doch völlig utopisch. Sein Resümee: »Wir können das nicht ändern.« »Ja, o. k.«, entgegnet Jan genervt, »aber das ist immer das Totschlagargument.« Mit der Einstellung könne man sich natürlich gleich jede Meinung sparen. Irgendwie hat sich die Diskussion in ein Streitgespräch zwischen den jungen Männern entwickelt. Streber gegen Gitarrist. Aber Michael lenkt ein. »Ja, da hast du natürlich Recht. Es ist immer am einfachsten zu sagen, man hat keinen Einfluss. Aber das ist einfach mein Gefühl«, sagt er. Damit steht er nicht allein. Denn noch etwas haben Soziologen vom Institut rheingold herausbekommen: »Die Jugend rebelliert nicht nur deshalb nicht, weil ihr nichts einfällt. Sondern weil sie das Gefühl hat, dem Ganzen so oder so ohnmächtig gegenüberzustehen«, meint Stephan Grünewald.

Die anderen suchen noch nach einem Grund, warum sie nicht längst auf der Straße sind und gegen die Staatsverschuldung protestieren. Irgendwann sagt Nanette: »Das ist einfach noch so weit weg, find ich.« An so was denke sie einfach noch gar nicht. Michael stimmt ihr nickend zu und fügt an: »Ja, und außerdem bin ich der Auffassung, dass die Politiker uns nicht verschulden, wenn es nicht unbedingt sein muss. Die werden schon ihre Gründe haben.« Jetzt sagt keiner mehr was. »Was sollten wir mit unseren neunzehn Jahren auch die Politiker belehren, das wär doch irgendwie anmaßend, oder?«, fragt Nanette. Rike blickt ihre Freundin prüfend an: »Was bist du denn für ein Schaf?«, fragt sie und verdreht die Augen über deren Folgsamkeit. Nanette verteidigt, die Politiker seien halt sehr glaubwürdig und erklärten immer alles so logisch.

»Ja, die sind so geschmeidig«, stimmt jetzt auch Jan wieder zu. Wenn man sich manchmal im Fernsehen die alten Debatten im Bundestag ansehe, wo rumgeschrien würde und sogar wüst geschimpft. Das sei ja richtig abgegangen damals. So beispielsweise unter Adenauer, Brandt oder Schmidt. Was sich die Politiker da manchmal an den Kopf geworfen hätten, das wäre schon nett anzusehen. »Ja, da wäre ich auch radikaler gewesen, wenn ich in der Zeit gelebt hätte, heute ist das ja alles so weichgespült«, sagt Rike. Keine Autoritäten weit und breit, die provozieren. Man erfahre den Konsens der Politiker, öffentlich diskutiert würde ja kaum. Auch im Fernsehen nicht. »Und wenn, dann ist es nur Wahlkampftaktik«, sagt Jan zynisch.

Er gehört zu den Aktiven. Seit er sechzehn Jahre alt ist, engagiert er sich bei Attac. Sein größter politischer Erfolg bisher:

eine Hausbesetzung. Der alte Spiegel mit der Messingfassung, den er dort gefunden hat, hängt noch immer bei ihm überm Fernseher. Als Erinnerung an die »coole Zeit«, wie er sagt. Über Wochen hätten ein paar Attac-Leute, einige von der Grünen Jugend und sogar ein paar Jusos gemeinsam mit Punks und Ökos die Häuser bewohnt und beschützt. Klar habe man die Situation auch genutzt und mal eine Party geschmissen, aber immer mit dem Blick für die Sache. Noch heute erregt ihn das Thema, seine Sätze überschlagen sich, wenn er von sozialem Wohnungsbau spricht. Seine Wangen haben sich gerötet, mit der linken Hand versucht er die Stoppeln seines Dreitagebarts zu zwirbeln. Zwar sei das Viertel am Ende doch abgerissen worden, gibt er zu, aber man sei zumindest so richtig schön ungemütlich geworden fürs Rathaus. Rike nickt anerkennend, das wusste sie gar nicht von Jan.

Sie werden weniger, aber es gibt sie, die klassischen politischen Macher. Ein Viertel der Jugendlichen zwischen fünfzehn und fünfundzwanzig Jahren gehört laut aktueller Shell-Studie zu dieser Gruppe. Sie setzt sich vor allem zusammen aus älteren Gymnasiasten und Studenten. Aber auch die anderen sind nicht unpolitisch, nur weil sie keiner Partei angehören. Nur knapp ein Drittel bezeichnet sich als komplett desinteressiert, was die politische und gesellschaftliche Lage in Deutschland betrifft. Tendenz sinkend.

Genauso verhält es sich mit der Religion. Sie sind nicht ungläubig oder gar ohne Werte, nur weil sie nicht in die Kirche gehen. Nur noch dreißig Prozent der Jugendlichen sind laut Shell-Studie davon überzeugt, dass Gott existiert. Der Rest ist atheistisch oder gehört zu der Gruppe von jungen Menschen, die Gott für sich durch Natur, Werte oder Schicksal ersetzt haben. An »irgendeine höhere Macht« zu glauben, das ist üblich. Aber sich dezidiert als Kirchgänger auszuweisen, das wird belächelt. Und das machen auch immer weniger. Der Run auf die Religion, wie ihn die Medien vermeldet haben, ist in der Realität ausgeblieben. Vor allem mit der Institution Kirche können viele nichts anfangen. »Eine Organisation, die Kondome verbietet, auch auf die Gefahr hin, dass sich Menschen mit Aids infizieren, kann ich doch nicht ernst nehmen«, sagt Michael. Selbst sechzig Prozent der gläubigen Jugendlichen sagen, die Kirche müsse sich ändern, um zu bestehen. Vierzig Prozent von ihnen stimmen gar der Aussage zu: »Die Kirche hat keine Antworten auf die Fragen, die mich wirklich bewegen.« Religion liefert Werte, aber welche sie befolgen und welche nicht, das wollen die Jugendlichen selbst entscheiden.

Ihre Ideologie: keine Ideologie

Das passt zu ihrer Entscheidung gegen Parteien und Organisationen. Sie suchen sich lieber eigenständig ihren Bereich, um sich in die Gesellschaft einzubringen. Die meisten versuchen ihr Engagement so zu wählen, dass es sie auch beruflich weiterbringt. Dass was dabei rausspringt für sie, nicht nur für den Lebenslauf, sondern auch an Erfahrung und Routine. Drei Viertel der jungen Menschen zwischen zwölf und fünfundzwanzig Jahren engagierten sich auf sozialer Ebene. Mehr als in jeder anderen Altersgruppe. Junge Menschen leiten Kindergruppen, helfen im Altersheim, gehen für die Nachbarn einkaufen oder fahren für die »Tafel« Lebensmittel durch die Gegend. Ehrenamtlich. Auch in dieser Stufe stellen einige ihre Zeit und Kraft in den Dienst der Allgemeinheit. Sophia gibt manchmal kostenlos Tanzstunden in einem Jugendzentrum, Dani hilft seit

Jahren, das Sommerfest ihrer Gemeinde zu organisieren, dessen Erlös nach Südamerika gespendet wird, Dennis gibt an seiner alten Schule Nachhilfe, und Jana liest alle zwei Wochen in der städtischen Bücherei fremden Kindern etwas vor. Andere sind bei den Pfadfindern, den Maltesern, beim Umweltverein BUND oder in städtischen Sportvereinen aktiv, ohne dass sie dafür etwas zurückbekommen. »Außer ein zahnloses Lächeln«, wie Jana immer anmerkt, wenn sie über ihre kleinen Zuhörer spricht.

Das Interesse ist da, aber die Bereitschaft, sich einer Ideologie unterzuordnen, sinkt. Wer für eine Partei eintrete, eine gesellschaftspolitische Organisation wie Attac oder auch für die Regeln der Kirche, der müsse ab einem gewissen Punkt aufhören, logisch zu denken. Der müsse irgendwann ideologisch denken und auf Linie fahren, meint Jana. Sie sieht das kritisch. »Ich kann mir nicht vorstellen, Fakten und Wahrheiten abzutun, nur weil sie nicht in das Konzept meiner Bande passen«, erklärt sie. So sehen es viele Altersgenossen. Sie sind in eine Welt hineingeboren, die sich nicht mehr in Schwarz oder Weiß einteilen lässt, in Gläubig oder Gottlos, in Kapitalismus oder Kommunismus, in Links oder Rechts. Die Welt sei zu kompliziert, um bloß »dafür« oder »dagegen« zu sein. Sie wollen sich die Möglichkeit offenhalten, nach Sachlage zu entscheiden, nicht nach Parteibuch oder Bibelvers. Was sie eint, ist nicht eine Ideologie, sondern die Ablehnung aller Ideologien. Sie wollen keine dogmatischen Entscheidungen treffen, sondern logische und pragmatische. »Gute«, sagt Jana.

12 Baller, Mann

Waffen & Gewalt

So, es reicht, ich bin beim Waffenhändler, wenn wer fragt …

34 599 Mitglieder

Für Michael beginnt das richtige Leben am 1. Juli gegen Mittag. Er sitzt im Zug nach Koblenz und lächelt still darüber, wie er vor zwei Wochen im Park beim Grillen mit Freunden noch rumposaunt hat, er freue sich wahnsinnig auf die Zeit beim Bund. Auf die witzigen Rallyes, die neuen Kumpels, die Saufgelage auf der Stube. Aber jetzt, wo er hier am Rhein entlangtuckert, die Sonne scheint und die anderen Fahrgäste von der schönen Kulisse dieser Zugfahrt schwärmen, da wünscht er sich, auch nur einen Ausflug zu machen und heute Abend wieder heim nach Köln zu seinen Eltern in die Doppelhaushälfte zu fahren. »Man fühlt sich wie früher, wenn man in eine Jugendfreizeit gefahren ist«, sagt Michael. Nur diesmal kann man im Notfall – wenn es einem gar nicht gefallen sollte – eben nicht abbrechen und sich von den Eltern holen lassen. Hier muss man durchhalten.

Im Internet hatte Michael schon vorab nach Gleichgesinnten gesucht, Leuten, die ebenfalls in Koblenz ihre allgemeine Grundausbildung ableisten. Einfach damit er schon jemanden kennt, wenn er ankommt. Gefunden hatte er Iggi, einen Abiturienten aus Andernach, der eigentlich Igor heißt. Iggis Motive für die Zeit beim Bund waren Michael gleich sympathisch gewesen, weil sie seinen so ähnlich waren. »Das ist doch 'ne Pflicht«, hatte der im Chat geantwortet. So sieht Michael das auch. Er hatte sich in der Stufe zwölf nie an den Überlegungen der anderen Jungs beteiligt, wie man am besten eine schlechte Musterung herbeiführen könne. »Nicht tauglich zu sein wäre mir peinlich gewesen«, sagt er. Er wusste, dass er gesund und fit ist, er hat keine Allergien, keine Rückenprobleme, das Musterungsergebnis T1 hatte er schon fast erwartet. Und verweigern und Zivi machen, das kam für ihn überhaupt gar nicht infrage. Er finde es unangebracht, sich zu drücken, wenn man gesund sei. Nicht umsonst heiße es ja Ersatzdienst. Er wolle kein »Ersatz«-Programm für Weicheier in Anspruch nehmen. Er stelle sich der Aufgabe. Genauso wie die 67 663 anderen Wehrpflichtigen, die in diesem Jahr den Wehrdienst antreten. Als der Zug in Andernach hält, dreht Michael sich zum Fenster. Hier steigt Iggi zu – das haben die beiden so vereinbart. Er erkennt ihn sofort an seinem suchenden Blick, er winkt. »Tach, Kamerad«, grüßt Iggi laut und lacht. Und lacht immer noch, als er das Abteil erreicht. »Scheiße, ich habe keine Ahnung, was da heute abgeht«, sagt er nervös. Michael nickt nur mitleidend. Wie viele Eindrücke heute noch auf sie einstürzen werden, ahnen sie nicht. Die Kaserne und ihr feuchter Geruch, die Gruppenführer und ihr Geschrei, die Truppenküche und ihr abgestandener Eintopf. Und das Wiedersehen mit einem alten Bekannten.

Als Michael nach der Erledigung von allerlei Papierkram auf eine Stube geführt wird, um ein Bett auszuwählen, ist dort bereits jemand mit Auspacken beschäftigt: Frederik, der ehemalige Mitschüler, mit dem er nie zurechtgekommen war und der immer nur Mist gemacht hatte. »Was machst du denn hier?«, fragt Michael deshalb möglichst emotionslos. Frederik bemüht sich, ebenso trocken zu antworten: »Ja, dasselbe wie du, nehme ich an.« Offenbar ist Frederik sein altes Verhalten hier in der neuen Umwelt selbst unangenehm. Noch bevor die anderen Kameraden dazukommen, bittet er Michael, »nicht so viel drüber zu reden«. Der Bund solle eigentlich »so 'ne Art Neuanfang« werden. Keiner kenne hier seine Geschichte, frage nach seinem Vater, den Drogen, den Noten, »das alles halt«, erklärt Frederik. Er will sich hier freischwimmen, einen Neustart ohne Altlasten hinlegen, ohne prüfende Blicke, ohne Mobbing, ohne geheucheltes Interesse. Auch die Gemeinschaft, die mehr ist als ein Zweckbündnis, hofft er hier beim Bund zu finden.

Auch bei Iggi ist das ein Motiv. Hier, so glaubt er, sei all das gefordert, was er mitbringt: Loyalität, praktische Intelligenz, Mut und Verlässlichkeit. Und nicht dieses starre Schulwissen. Iggi ist schon 21, er hat ein Schuljahr wiederholt und zeitgleich mit Michael und Frederik sein Abitur gemacht, auf einem Bonner Gymnasium. Die meiste freie Zeit verbringt er aber bei seinen Großeltern in Andernach, weil er seine Eltern »nicht erträgt«. Dass sie die ersten zwei Wochen nicht nach Hause dürfen, stört ihn gar nicht. Ebenso wenig wie Frederik. »Ich bin froh, wenn ich mal weg bin«, sagt er. Michael versteht ihn, wundert sich, dass er ihn nie vorher hat reden hören und dass er eigentlich gar nichts weiß über ihn – außer dass er immer ein Außenseiter war. Als er nach ein paar Tagen in einer SMS an Tim erzählt, er sei mit »dem« Frederik auf einem Zimmer und der sei eigentlich ganz o. k., bekommt er nur eine hämische Antwort: »Sieh an, in der Stube kommt man sich näher.«

So ist es. Als Michael nach zwei Wochen das erste Mal wieder an einem Samstagnachmittag im Park anzutreffen ist, spricht er ständig von Iggi und Frederik. Und wenn jemand nachfragt, wer das sei, dann antwortet er schlicht: »Meine Freunde.« Das ist neu. Früher hatte er über Freundschaften immer eher unverbindlich gesprochen. Ja, mit dem und dem komme er gut aus, aber ob das ein richtiger Freund sei, keine Ahnung, sei doch auch egal, man habe halt Spaß zusammen, das reiche doch. Und beim Abiball, als sich eigentlich alle liebhatten, provozierte er eine Debatte darüber, ob Freundschaften heute überhaupt noch Bestand hätten – in dieser schnellen Zeit. Er selbst gab sich in solchen Werte- und Moraldiskussionen immer gerne betont illusionslos. Wie viele seiner Mitschüler. Naiv wirken, weltfremd oder gar ein bisschen dumm – das ist ihnen peinlich. Wer zu viele Ideale hat, der muss ja irgendwas nicht kapiert haben. So sehen sie das. Diese Sicht steht ihnen häufig im Weg: bei ernsthaften Freundschaften ebenso wie bei ernsthaftem Engagement. Mit seiner persönlichen Sichtweise auf den Wehrdienst hatte Michael immer hinterm Berg gehalten. Wohl wissend, wie gut seine Mitschüler seinen Enthusiasmus ins Lächerliche ziehen könnten. Vor allem dann, wenn die Sinnhaftigkeit der Sache, um die es ging, nicht ganz außer Zweifel stand.

Inzwischen ist ihm das mehr und mehr egal. Seine Entscheidung, zum Bund zu gehen, bewertet er jetzt anders. Nicht mehr so passiv, so als habe er sich einfach nur seiner Pflicht ergeben. Und er spricht es auch aus: »Ich finde, das ist eine interessante Aufgabe, man lernt viel auch über sich selbst und man trifft spannende Leute aus ganz anderen Milieus«, sagt er nun, wenn man ihn fragt, warum er nicht verweigert habe. Die Stichwörter »schwul« und »schwächlich« fallen nicht. Das wäre zu einfach. Stattdessen gibt er etwas von sich preis, macht sich angreifbar, bezieht Stellung – und dazu noch eine unorthodoxe. Ein paar aus der Stufe lachen. Isabell behauptet gleich, sie hätten ihm offenbar schon eine Gehirnwäsche verpasst. Früher hätte er genau den Spruch gefürchtet, der impliziert, er denke nicht mehr eigenständig, sondern habe sich vereinnahmen lassen. Jetzt ist es ihm egal. Er kennt die Vorbehalte seiner Mitschüler gegenüber der Bundeswehr. Das sei systematische Volksverdummung, heißt es dann. Und sie könnten nicht verstehen, wie jemand mit Abitur sich überhaupt freiwillig einer solch unsinnigen Willkür aussetzen könne. Außerdem gebe es doch da so viele Rechtsradikale, und gefoltert würde auch. Irgendwie sei das nicht mehr zeitgemäß und überhaupt eher was für schlecht erzogene Rüpel. Klar, die könnten mal ein bisschen Drill vertragen, aber Michael doch nicht.

Gewalt ist verpönt unter diesen Abiturienten. Außer mal einer kleinen Party-Prügelei alle paar Jahre, die sich nicht vermeiden ließ, weil man sonst als totales Weichei dagestanden hätte, haben die meisten von ihnen kaum Erfahrung mit Gewalt. Das deckt sich mit der Statistik. Knapp achtzig Prozent der Zwölf- bis Fünfundzwanzigjährigen geben an, in den vergangenen zwölf Monaten in keine Auseinandersetzung verwickelt gewesen zu sein. Vor allem Gymnasiasten scheinen da zurückhaltend zu sein. Gewalt gilt bei ihnen eher als asozial denn als besonders männlich.

Freiwillig den Wehrdienst zu wählen war unter den Abiturienten dieser Abschlussklasse unüblich. Wenn überhaupt, dann Zivi, da kann man es ruhig angehen lassen und hat noch ein bisschen Zeit für die Selbstfindung. Das ganz große Los zieht natürlich, wer gar nichts machen muss. In der Stufe wurde beinahe die Hälfte aller jungen Männer ausgemustert. Das deckt sich mit der Statistik; im Jahr ihrer Musterung wurden von 451 000 Angetretenen nur 248 000 für »tauglich« befunden. 92 457 Kriegsdienstverweigerer wurden 2008 zu einem Dienst herangezogen und 67 664 Wehrpflichtige zur Bundeswehr einberufen. Der Rest hatte Glück und wurde gar nicht eingezogen – weder für den einen noch den anderen Dienst. Darauf hat auch Tim spekuliert. Er ist tauglich gemustert worden, hat aber extra nicht verweigert, weil er irgendwo in einem Internetforum gelesen hat, dass die Verweigerer fast immer ranmüssten, während diejenigen, die nicht verweigerten, eine sehr gute Chance hätten, am Ende nicht rekrutiert zu werden. Einige aus der Stufe haben es genauso probiert. Sie hätten erst verweigert, wenn der tatsächliche Einberufungsbescheid im Briefkasten gelegen hätte. Aber in den meisten Fällen kam der nicht. Der Plan ist aufgegangen. Tim, Richard und einige andere können zum Wintersemester gleich ihr Studium beginnen, verlieren keine Zeit. Das war ihnen am wichtigsten.

Um eine Sache beneiden sie Michael dann doch. »Wie ist das denn, wenn man so eine richtige G36 in der Hand hält?«, will Tobi wissen. Eigentlich hält er ja nichts von Waffen, Gewalt und Krieg, zumindest in der Theorie nicht. Aber am PC hat er häufig mit Dennis zusammengesessen und gezockt: Counter-Strike, Battlefield oder Call of Duty. Da hatte ihm das schon irgendwie Spaß gemacht, mit der Waffe durch die erdigen Gänge zu rennen und mit Dennis – auf Zuruf – eine Strategie zu entwickeln, wie man am meisten Feinde abknallen könnte. »Darf man das überhaupt noch sagen?«, fragt Tobi, nachdem er zu Ende geschwärmt hat. Dass man gerne Ballerspiele spielt, dass man froh ist über jeden, den man erwischt, und dass es Spaß mache, wenn der Plan funktioniere. Er erzähle das für gewöhnlich nicht mehr so herum seit den Amokläufen der vergangenen Jahre. Dabei wäre die ganze Diskussion vielleicht anders verlaufen, wenn sich alle jungen Menschen, die schon mal einen virtuellen Feind getötet haben, zu Wort melden würden. Denn das wäre dann nämlich so ziemlich jeder zwischen vierzehn und fünfundzwanzig Jahren.

Auch Dennis und Tobi erinnern sich noch gut an die nächtelangen Kämpfe vor dem PC, flankiert von einem aufgeklappten Pizzakarton und einer Cola-Flasche. Eine Studie des Kriminologischen Instituts Niedersachen hat ergeben, dass Jungen im Alter von fünfzehn Jahren rund zwei Stunden Computerspiele pro Tag spielen. Bei ihnen seien es zu ihrer Hochphase eher noch mehr gewesen, bekennen Dennis und Tobi. Da endete ein Großteil ihrer Abende mit dem Kopf auf der Tastatur. Halbtot vom vielen Ballern. »Das kann ja auch richtig fordernd sein, da die ganze Zeit immer bereit zu sein, das ist ja nicht wahllos«, sagt Dennis. Aber irgendwann in der elften Klasse wurde das weniger. Einfach weil sie lieber rausgingen in die echte Welt, echtes Bier trinken und echte Frauen kennenlernen – und es beim Fußball immer besser lief.

Michael kennt die Spiele, hat selber ein paarmal gezockt zu Hause. Zum Entspannen. »Aber mit einer echten Waffe ist das anders. Hab erst gedacht, ich wüsste schon, worauf ich achten muss, aber der Ausbilder hat gleich gesagt, wir müssten nicht denken, wir brauchten nicht mehr zuzuhören, weil wir alle Ballerspiele gespielt haben«, lacht Michael. Das sei völlig anders. Vor allem die Wucht sei krass. Und die Lautstärke. »Aber ist schon irgendwie cool«, sagt Michael, er zückt sein Handy und zeigt den Freunden ein Bild: Er und Frederik stehen in der Stube in voller Tarnmontur, das Gewehr angelegt, die Köpfe in

Schräglage, ein Auge geschlossen, das andere weit offen, der Gesichtsausdruck hoch konzentriert. Sie zielen nach unten auf den Betrachter. Die Laufmündungen sind ganz nah. »Uahh, krasses Bild«, kommentiert Dennis. Michael steckt das Handy wieder weg, den Mädchen will er das Foto nicht zeigen. »Die verstehen nicht, dass das nur Spaß ist«, sagt er. Da ist er vorsichtig. Auch als ein Kamerad aus der Stube ihn und Frederik in der Position ebenfalls fotografieren wollte, mit seinem Handy, habe er sich schnell weggedreht. »Ich will nicht, dass andere Leute solche Fotos von mir haben, hinterher taucht das im studiVZ auf oder so und dann wird man es nicht mehr los«, sagt er.

13 Liebe ist alles

Beziehungsstatus: auf der Suche

Im Bett liegen
und sich was erzählen, das ist schön

71 007 Mitglieder

Hätten sie vorhersagen sollen, was an diesem Abend passiert, sie hätten alle falschgelegen. Sie hätten vielleicht darauf getippt, dass Jan wieder versucht, Dosenbier in teure Clubs reinzuschmuggeln, dass Alexa eine andere Blondine anzickt oder dass Dani im Suff wieder einen Wehmutsanfall bekommt. Aber nichts von alledem passiert. Eher könnte man behaupten, der Abend sei ein bisschen zu gewöhnlich verlaufen.

Er beginnt mit Tanzen im Triple A, wird fortgesetzt bei McDonald's und geht weiter in der Muschi Bar. Dabei sind sie eigentlich alle schon längst müde. Die Haare riechen nach Rauch und die klebrige Kleidung nach Kunstnebel. Die Schuhe drücken, der Tanga zwickt, und das Make-up fühlt sich stündlich schwerer an. Aber egal, es ist ja erst halb zwei. Da muss noch was passieren. Langsam und wackelig steigen sie die rosafarbene Wendeltreppe hinunter. Die Bar ist noch voll. Es ist eng und heiß. Aber jetzt nochmal einen Ortswechsel initiieren? Eine Horde von Menschen motivieren, die gleichermaßen betrunken und vollgefressen ist? Unmöglich. Mit trüben Augen und schlaffen Gliedern hocken die Freunde auf ihren Barhockern und nippen an ihren Getränken. Die Gespräche sind zäh und die Musik zu laut. »Ich hab keinen Bock mehr, ich glaub, ich hau ab«, verkündet Alexa nach nur einer halben Stunde und verabschiedet sich. Die anderen nicken nur müde. »Wo ist Sophia?«, fragt Alexa und schaut sich um. »Die ist wieder mit Tim zugange«, kommentiert Isabell trocken.

Dass die beiden immer mal wieder rummachen, ist seit Silvester allgemein bekannt. Auch nach dem Abiball hatten sie wieder aufeinandergehangen, und auf Mallorca war auch irgendwas gelaufen. Aber irgendwie wusste keiner so recht, warum nie mehr daraus wurde. Silvester hatte Sophia erklärt, vor dem Abi sei eine neue Bindung doch schwachsinnig, sie wolle sich jetzt auf den Abschluss konzentrieren, und Tim hatte vor dem Trip nach Mallorca seinen Kumpels noch gesagt, er habe jetzt keinen Bock auf was Festes, er wolle sich ein bisschen austoben. Schließlich stand die Abifahrt an, auf der sie alle möglichst frei sein wollten und möglichst viel ausprobieren. Und erst neulich haben sich die beiden darauf geeinigt, dass es jetzt irgendwie auch zu spät sei, weil sie ja noch gar nicht wüssten, ob sie beide in Köln blieben. Irgendeinen Grund hatte es immer gegeben. Oder vielleicht auch nicht. Zumindest hatten sie das Muster von Silvester einfach beibehalten. Egal, wie heiß sie nachts aufeinander gewesen waren, am nächsten Tag verkehrten sie wieder ganz sachlich. Das Wort Beziehung nahmen sie nie in den Mund. Und während die Jungs sich zunächst sicher waren, dass das an Sophia liege, und die Mädchen behaupteten, Tim habe Bindungsangst, waren sie sich inzwischen darüber einig, dass sie es nicht verstehen.

Alexa entdeckt die beiden in einer rosarot ausgemalten Mulde in der Wand. Sophia und Tim liegen nebeneinander in der Kissenlandschaft. Ihre Hand liegt auf seinem Bauch, seine darüber. Sie reden. Dann beugt sie sich über ihn, schaut ihn an, sie küssen sich. Er dreht sich schließlich auch auf die Seite, umarmt sie und zieht sie an sich heran. Er streichelt ihren Hinterkopf, ihre Wange und ihre Schultern. Das sieht nicht aus wie üblich. Wenig nach Geilheit, mehr nach Verliebtheit. Alexa berichtet sofort den anderen. »Ihr glaubt nicht, was da drüben abgeht«, eröffnet sie. Die Aufmerksamkeit ihrer Freunde ist ihr sicher. Dass überhaupt noch irgendwas abgeht heute, haben sie schon nicht mehr erwartet. »Was?«, fragt Isabell ungeduldig. »Sophia und Tim kuscheln«, sagt sie. Kuscheln – das ist das Kontrastwort zu Rummachen. Die anderen verstehen sofort, was sie meint. »Echt?«, fragt Dani. »Ja, echt«, bestätigt Alexa, »nicht so versoffen, eher so verliebt.« »Na, wart erst mal ab«, kommentiert Isabell. »Bisher haben die beiden immer irgendeinen Grund gefunden, warum es nicht geht.«

Heute ist ihnen anscheinend keiner mehr eingefallen. Als die Freunde sich bei ihnen verabschieden, liegen sie immer noch eng umschlungen in der Liebesgrotte. Ihre roten Wangen verraten sie. Die Jungs geben Tim nur ein Handzeichen. »Ciao, wir sind weg«, ruft Jan noch in die rote Mulde. Tim nickt nur zur Bestätigung. Als die Mädels am Fußende auftauchen, löst sich Sophia aus der Umarmung, setzt sich auf und beugt ihren Oberkörper nach vorne zu ihnen hin. »Seid ihr jetzt endlich richtig zusammen?«, fragt Dani. Sophia strahlt: »Ich denke schon«, sagt sie. Die Freundin strahlt zurück. »Ich freu mich so für dich«, sagt Dani, die immer gern im Auftrag der festen Beziehungen missioniert. Die Mädels drücken sich kurz. »Eins noch«, sagt Alexa und zieht die Freundin nochmal zu sich ran, »nicht heute wieder direkt Sex«, sagt sie und sieht Sophia eindringlich an. »Ach nee, ich weiß«, kommentiert die. Für eine Beziehung gelten andere Regeln als für notgeil motivierte Abstürze unter Alkoholeinfluss. Was da gut ankommt, ist jetzt ein Tabu. Sex gleich am ersten Abend ist der Code für: »Mehr will ich von dir nicht.« Dass die beiden außer an Silvester auch später noch einige Male miteinander im Bett gelandet sind, ist jetzt irrelevant. Es geht um heute. Heute fängt alles nochmal von vorne an. Mit Liebe. Und das ändert alles.

Was Sex angeht, sind sie abgeklärt. Fangen früh an, probieren viel aus und reden drüber wie übers Kartoffelschälen. Sex ohne Liebe können sie gut. Aber Sex mit Liebe – davor haben sie Respekt. Liebe ist alles. Sie ist ihr großes Ziel. Egal, wie nüchtern und realistisch sie sich manchmal äußern, an eine Sache glauben sie unbeirrbar: die große Liebe. Achtzig Prozent der jungen Menschen sind fest davon überzeugt, dass es sie gibt. Und das allen Scheidungsquoten zum Trotz. Und ein Großteil derer, die in einer Beziehung sind, nämlich vierundneunzig Prozent, ist sogar davon überzeugt, den perfekten Partner fürs Leben schon gefunden zu haben. Beziehungen, die sich aufgrund verschiedener Einstellungen zum Leben nicht als zukunftstauglich erweisen, werden meist gar nicht erst begonnen. »Wieso sollte ich mit einem Typ was anfangen, wenn er auf lange Sicht nichts taugt? Das wäre doch Zeitverschwendung«, hat Jana einmal ihren Standpunkt erklärt. Ihre Freundinnen mussten angesichts von so viel Pragmatismus schmunzeln. »Ich denke, man müsste dem anderen auch eine Chance geben, vielleicht kann sich ja auch was draus entwickeln«, hatte Nanette eingewandt. Nach ein paar Negativbeispielen aus dem

Repertoire von Janas Mutter waren sie sich aber dann doch einig geworden. Mit Männern, die keine Kinder wollen, keine Ambitionen haben oder sich nicht vorstellen können, auch mal im Ausland zu leben, können sie nichts anfangen.

Mit ihren Anforderungen sind sie nicht allein. Viele ihrer Altersgenossen legen noch ganz andere Maßstäbe an, wenn es um ihren zukünftigen Partner geht. Härtere. Jemand, der nicht der gleichen sozialen Schicht angehört wie sie, kommt schon mal gar nicht infrage. Überprüfen lässt sich das leicht. Die kleine, unschuldig gestellte Frage nach dem Job der Eltern stellen sie alle gern – und das selbst bei flüchtigen Barbekanntschaften. Auch das Wohnviertel erfahren sie gerne möglichst früh. Nicht um zu kalkulieren, wie weit sie es haben ins Bett der neuen Liebe, sondern auch, um einschätzen zu können, wie wohlhabend die Eltern sind. Auch der Akademikeranteil der Familie wird gerne in Erfahrung gebracht. Ein bisschen Casting schwingt auch bei Beziehungen immer mit. Diese Generation ist es gewohnt, zu testen und getestet zu werden. Ihre Leistungsbereitschaft ist kein Zufall, ihr Ehrgeiz nicht unbegründet. Wer ständig aufgefordert wird, sich zu beweisen, sich zu bewähren, sich zu bewerben, der wird so. Wer schon mal für einen Praktikumsplatz ein mehrtägiges Auswahlverfahren durchlaufen hat, der wundert sich auch nicht mehr, wenn das Kennenlernen zum Bewerbungsgespräch verkommt. Auch die Frage nach dem Schulabschluss des Flirtpartners ist kein Affront.

Partner ohne Abi sind ungewöhnlich. Zwar war Rike in der elften Klasse mal mit einem Realschüler zusammen, Tim mal mit einer Einzelhandelskauffrau und Stephanie mal mit einem älteren Kfz-Mechaniker – aber einig sind sie sich darüber, dass es nicht gepasst hat. Ausgemachter Grund: der Bildungsunterschied. Das Abitur ist ihr aktueller Standard, in einem halben

Jahr werden sie die Ansprüche schon wieder hochgeschraubt haben. Dann werden sie beim Partner in spe bereits ein Studium voraussetzen. Mit ihren hohen Anforderungen liegen sie im Trend, wie aktuelle Studien belegen. Neunzig Prozent der Ehen werden heute zwischen Menschen mit gleichwertigem Bildungsabschluss geschlossen. Vor dreißig Jahren waren es nur siebzig Prozent. Den jungen Frauen ist das vor allem wichtig, weil sie befürchten, sich sonst mit männlichen Komplexen rumschlagen zu müssen. Den jungen Männern, weil es »irgendwie praktischer« ist. »Wenn ich früher abends meine Freundin mal mitgebracht habe, dann war sie halt immer außen vor, konnte nicht mitreden. Je mehr man gemeinsam hat, desto stressfreier läuft es«, findet Tim. Ehrgeiz und Leistungsbereitschaft sind für beide Geschlechter ein Muss. Wenn es nach den jungen Frauen geht, können Männer davon nicht genug haben. Die jungen Männer sehen das anders. Ihre Idealpartnerin ist schön, schlank, gesellig und präsentabel, aber nicht zu leistungsorientiert. So emanzipiert sie sich gerne geben, eine Frau, die ihre Karriere genauso zielstrebig verfolgt wie sie selbst, ist ihnen unheimlich.

Aber nicht nur die Anforderungen an den Partner sind hoch, sondern auch die an die Partnerschaft: Eine Liebe sollte am besten ewig halten und, ganz wichtig: monogam gelebt werden. Achtundachtzig Prozent der jungen Frauen und zweiundsiebzig Prozent der jungen Männer geben an, dass sie Untreue nicht verzeihen würden. Und die beginnt nicht etwa beim Sex, sondern schon beim Rumknutschen. Ein Großteil von ihnen sieht die Grenze schon viel früher überschritten. »Flirten ist definitiv tabu, wer flirtet, der betrügt seinen Partner«, sagt Isabell. Wer wirklich glücklich sei, der müsse ja nicht andere Leute anbaggern, der müsse nicht mal Blickkontakt mit irgendwem haben. Flirten bedeute doch, sich umzuschauen, und wer sich umschaue, der sei mit dem, was er hat, nicht zufrieden – so die Argumentation. Auch die jungen Männer sehen das so. Was die wahre Liebe angeht, sind sie knallhart. Ein kleiner Riss, der große Bruch. Von ihrem Partner fordern sie bedingungslose Loyalität, kein Flirt, kein Tanz, kein Kuss.

Obwohl sie wissen, wie schwer es ist, einen Partyabend ohne all das zu erleben. Ein bisschen enger tanzen, ein bisschen züngeln, ein bisschen fummeln. Und selbst wenn man wirklich gewillt ist, die hohen Anforderungen zu erfüllen – einfach ist das nicht. Überall lauern Gefahren. Die Mädels sind halbnackt und zeigen so viel Hintern wie Brüste, die Typen können das Starren nicht lassen, und in der Enge der Clubs klebt die Hand schnell mal an einem fremden Körperteil. So ist das halt. Sex gehört zum Feiern dazu. Jeder, der keinen Partner hat, legt es drauf an, und alle, die einen haben, sind gut damit beschäftigt, die Annäherungsversuche abzuwehren. Und die Unmengen Alkohol, die selbstverständlich zum Feiern dazugehören, machen die Sache mit der Treue auch nicht unbedingt einfacher. Eine Beziehung anfangen ist ein Wagnis, wenn überall so viele Reize ständig locken. Wer Treue schwört, muss mutig sein, bei »all den schönen Souvenirs«, wie die Berliner Band Mia singt. Das wissen auch die jungen Menschen selber. Schließlich waren sie fast alle schon selbst das Souvenir.

Trotzdem: Mit dem perfekten Partner in einer perfekten Partnerschaft passiert so was nicht. So pragmatisch sie auch sonst immer an die Dinge herangehen, was eine Liebesbeziehung angeht, sind sie dogmatisch. Da gibt es nur eine Definition: In der Traumkonstellation ist es möglich, sich zu verwirklichen und trotzdem eine stabile Beziehung zu führen. Einen verlässlichen Partner und so viel Individualität wie möglich – das wollen die meisten. Liebe ja, aber sie darf auch nicht einschränken. Sie wollen jemanden zum Reden haben, aber trotzdem nicht immer alles absprechen müssen. Sonntags zusammen »Tatort« gucken, aber samstags auch mal getrennt feiern gehen. Eine enge Liebe leben, aber flexibel bleiben. Pärchen sein, aber frei. Für immer.

»Weniger will ich nicht akzeptieren. Dann würde ich es eher sein lassen«, sagt Jan. Es sein lassen? Was denn? »Ja, das mit der Liebe«, antwortet er prompt. Um die idealen Bedingungen zu schaffen, wollen die beiden zusammenziehen. Das war seine Idee. Ein Bandkollege habe ihm dazu geraten, berichtet Jan. Der hatte seine Freundin neben Uni, Musik und Kumpels vernachlässigt. Jan soll das nicht passieren. Mit der gemeinsamen Wohnung soll es leichter werden: das Sichverwirklichen und Beisammensein. Und wenn es funktioniert, dann kommt der nächste Schritt: Kinder. »Aber da muss ich schon das Gefühl haben, dass es ihm auch wichtig ist, bevor ich schwanger werde«, sagt Dani und klingt viel reifer, als man es von einer Neunzehnjährigen erwarten würde. Erst als sie mit großen Augen hinzufügt, er sei ihr Traummann und es würde schon alles klappen, wie sie es sich erträumen, versprüht sie wieder ihren Wendy-Charme.

Kinder, Kinder

Isabell sieht das nicht so unverkrampft, sie knüpft eine Reihe von Bedingungen an eine Elternschaft. Wenn überhaupt, dann nur mit einem Ehemann, und dann auch nur, wenn sie sich hundertprozentig sicher sein könne, er betrüge sie nicht, während sie gerade schwanger sei. Kinder seien ihr wichtig, aber nicht so wichtig, dafür alles andere aufs Spiel zu setzen, wie zum Beispiel eine funktionierende Partnerschaft. »Mit Kindern ändert sich alles zwischen zwei Menschen«, erklärt sie. Den Hinweis darauf, dass ihre Eltern es ja auch geschafft hätten, zusammenzubleiben, lässt sie nicht gelten. »Das war eine andere Zeit, da hat man noch sein eigenes Wohl hintenangestellt, und wenn ich weiß, dass ich das vielleicht nicht kann, dann sollte ich doch keine Kinder bekommen, oder?« Die Meinung ist konsensfähig. Nicht nur unter den Jugendlichen der Stufe. Laut Shell-Studie wollen zweiundsechzig Prozent der Jugendlichen irgendwann Nachwuchs, aber eben nur, wenn alles passt, wenn man einen gesicherten Job hat, ein Heim, Rücklagen, einen liebevollen Partner und sich ausgetobt hat, also mit etwa dreißig. Mit dieser Sicht sind sie nicht allein: Während vor ein paar Jahren noch der Wunsch nach Kindern mit dem Alter wuchs, ist es inzwischen andersherum. Je älter die Befragten, desto mehr Auflagen binden sie an diese Entscheidung. Laut Shell-Studie sind nur vierundvierzig Prozent der Jugendlichen der Ansicht, Kinder seien zwingend notwendig, um glücklich zu leben. Wenn Kinder einen Nachteil bedeuten, dann können sie auch ohne ein schönes Leben haben. Solange nur die Partnerschaft perfekt ist.

Pärchenneid

Auf der rosafarbenen Wendeltreppe nach oben geht das Gelächter schon los. Angesichts der neuen Zärtlichkeit zwischen Sophia und Tim machen sich ihre Freunde Sorgen um ihre heiligen Feierabende. »Nicht, dass die zwei jetzt nur noch DVD-Abende machen und nicht mehr weggehen wollen«, fängt Isabell an, die sich auf ihren silbernen Pumps die Stufen hochschleppt. Schon heute haben sie gesehen, wie wenig läuft, wenn ihr Stimmungsgarant Tim nicht voll bei der Sache ist. »Pärchen sind immer so öde«, bringt es Alexa auf den Punkt und erntet Zustimmung. Freunde in einer Partnerschaft sind bei ihr und Isabell als Langeweiler verschrien. »Ich mach Party, du bist Pärchen«, heißt eine Gruppe im studiVZ, der sich schon über 9000 Leute angeschlossen haben.

Auch Tim und Sophia in der rosafarbenen Kissenlandschaft machen sich Gedanken. »Meinst du nicht, wir sollten vielleicht lieber mit denen abhauen?«, fragt Sophia. Sie weiß genau, dass die anderen auf dem Weg nach oben auf der Treppe jetzt lästern. Dass sie in Zukunft bestimmt ihre Abende nur noch zu zweit verbringen, ständig ihr Handy ausmachen und nicht mehr ganze Nächte online sind, um zu quatschen. So wie Dani und Jan, das Vorzeigepärchen, das ihnen manchmal allen auf die Nerven geht. Tim scheint sich darüber weniger Gedanken zu machen. Er liegt seitlich, beginnt, seine Hand unter ihr Shirt zu schieben. Am BH-Bügel macht er halt und streichelt wieder nach unten. Hier begrenzt ihn der Hosenbund. Vorstöße jenseits dieser Linien scheinen ihm nicht angebracht – zumindest nicht heute. Er streichelt weiter ihren Bauch. Sophia muss lachen. So viel Schüchternheit hatte sie ihm gar nicht zugetraut. Er lächelt und küsst sie wieder, umfasst ihre Taille unter dem Shirt. Sie dreht sich auch auf die Seite, wendet sich ihm zu, lächelt ihn an. Hin und wieder flüstern sie etwas, ohne dabei aufzuhören zu knutschen. »Kann ich mitmachen?«, fragt jemand, als er in die Grotte hineinschaut. Die beiden reagieren nicht. Als sie den Laden verlassen, ist es hell. Sie nehmen sich zusammen ein Taxi – und jeder steigt bei sich zu Hause aus. Eine SMS an Alexa und die anderen ist Ehrensache. »Bin jetzt zu Hause.

Alleine. Er hat mich hergebracht mit dem Taxi, ui ui ui. Morgen quatschen? Kuss«. Tim tippt auch noch eine SMS. Für Sophia. »Danke für den schönen Abend, Mylady. Ich ruf dich morgen an.« Darauf schickt Sophia auch noch eine raus – an ihre Freundinnen. »Er ist soo süß, hat grad schon geschrieben.«

Als sie aufwacht, hat sie aber gleich schon wieder ein Problem ausgemacht. Irgendwie würde das jetzt gar nicht passen. Sie wisse doch noch gar nicht, wo sie einen Studienplatz bekommen werde, und Tim wolle ja in Köln bleiben und Sportmanagement studieren. Das sei doch völlig unsinnig, jetzt was anzufangen, wo es gut sein könne, dass sie sich in ein paar Wochen schon wieder verabschieden müssten. Fernbeziehungen hielten doch nicht, das wisse doch jeder. Vor allem wenn man erst so kurz zusammen sei. Das sei völlig aussichtslos. Dann lebe man sich in der neuen Stadt nicht richtig ein, käme dort nicht richtig an und sei dann andauernd unzufrieden. Einfach abzuwarten, sich erst mal drauf einzulassen, fällt ihr schwer. Einen möglichen Fehlschlag hat sie jetzt schon im Hinterkopf. Denn wenn jede Beziehung eine potenzielle Ehe ist, dann ist jede misslungene Beziehung eine verhinderte Ehe. Zumindest theoretisch. Zumindest ein bisschen. Schlechten Sex haben oder eine Beziehung führen, die nicht funktioniert – das ist peinlich. Es gibt nichts, über das auch junge Menschen weniger gern sprechen als über ihr Scheitern auf diesen Gebieten.

Nachmittags ruft Tim an, sie verabreden sich bei seinem Lieblingschinesen, bei dem man zum Festpreis so viel essen kann, wie man will, sie sitzen dort bis elf, gehen danach zu ihm und reden bis vier Uhr. Diesmal beschließen sie, einfach nichts mehr auszuschließen. »Wir sind zusammen«, tippt Sophia in dieser Nacht auf der Gästetoilette von Tims Eltern in ihr Handy und schickt die SMS an ihre Freundinnen. So werden sie doch ein Paar, obwohl sie beide wissen, dass jeden Morgen die Zusagen von den Unis kommen können, die sie an zwei verschiedene Orte in Deutschland verschlagen. Schlafen sie bei ihr, geht sie morgens zum Briefkasten, und er ruft seine Eltern an, um nachzuhören, ob es Post gibt. Schläft sie bei ihm, ist es andersherum. Sie beide hoffen auf Köln. Aber es könnte auch Gießen werden für ihn, Bonn, Düsseldorf oder Münster für sie. Was dann ist? »Wir wissen es nicht, keine Ahnung«, sagt Tim.

HERBST

14 Eigenheim

Umzug in ein neues Leben

Ja verdammt:
Meine Eltern wohnen noch bei mir!

47 094 Mitglieder

Aufstehen, Computer hochfahren, die neuen Inserate checken – jeden Tag das Gleiche. Klingt die angebotene Wohnung vielversprechend, wird umgehend angerufen. Tims Technik ist bestechend einfach: »Kann ich sofort vorbeikommen?«, fragt er. Die ersten Tage auf Wohnungssuche waren lehrreich: Tim hatte stets Termine für Besichtigungen an einem der folgenden Tage vereinbart, und immer bekam er – noch bevor er die Gelegenheit hatte, sich die Bude anzuschauen – eine Absage per Mail. Man habe sich bereits entschieden, hieß es dann. Heute ist er mit einer neuen Strategie an die Sache rangegangen: penetrant sein. Es klappt. Er hat drei Besichtigungen noch am selben Tag.

Die erste gemischte Wohngemeinschaft liegt in einer ruhigen Straße in Köln-Nippes. Als Tim die Treppe hinaufsteigt, hört er, wie weiter oben eine Tür aufgeht, dann nervöse Gesprächsfetzen, die auf weitere Interessenten schließen lassen, die bereits dabei sind, sich anzupreisen. Dass die Suche nach einem WG-Zimmer in etwa so langwierig und fordernd sein kann wie das Bewerbungsverfahren einer Eliteuni, davon hat Tim schon gehört. Die zahlreichen Reportagen zum Thema, die man in *NEON* liest, in *ZEIT Campus* oder auf *Spiegel online*, kennt er, hatte aber immer gedacht, die Autoren würden übertreiben, wenn nicht sogar ein bisschen fabulieren. Seit er Rikes Blog verfolgt, hält er nichts mehr für ausgeschlossen. Rike ist seit zwei Wochen auf Wohnungssuche in Berlin, wo sie eine Schneiderlehre beginnen wird, und berichtet täglich im Internet über ihre absonderlichsten Erfahrungen. Zum Vergnügen ihrer Freunde, die in einer anderen Stadt auch gerade auf der Suche sind. Alexa sucht in München. Jana in Köln. Auch sie erleben gerade dasselbe Dilemma. Zu wenige Wohnungen, zu viele Neustudenten.

Eigentlich haben sich die meisten von ihnen vorgenommen, sich Wohnungen anzusehen, bevor alle anderen Erstsemester anfangen zu suchen. Sprich: schon im Juli oder August. Geworden war daraus nichts. Erst im August trudelten nach und nach die Antworten der Universitäten ein. Zulassungen, Absagen und Wartelistenplätze – solange aber der Umschlag der Wunschuni noch fehlte, wurden keine Entscheidungen getroffen. Die begehrteren Hochschulen lassen sich häufig ein bisschen mehr Zeit bei der Auswahl. Bis dann für fast alle feststand, wo sie anfangen können, war der August vorbei. Jetzt ist es bereits Anfang September. In ein paar Wochen beginnt die Uni. Eine eigene Bude haben die meisten noch nicht – und das Traumbett steht auch noch bei IKEA. Plötzlich haben sie alle zeitgleich angefangen zu suchen, zusammen mit den restlichen Abiturienten der Nation.

So ist aus dem Blog längst ein Forum geworden, viele aus der ehemaligen Stufe berichten inzwischen auf dieser Seite von ihren Erlebnissen. Und die, die vorerst bei Mama und Papa bleiben, hinterlassen schadenfrohe Sprüche, die wiederum von den anderen mit hämischen Kommentaren bedacht werden. Den Smalltalk aus der Fünfminutenpause haben sie einfach ins Internet verlegt. Der Ton ist der gleiche. Liest man sich die Protokolle ihrer Kommunikation durch, sieht man sie vor sich und hört sie reden. Rike mit ihrem braunen Bob und den wachen grünen Augen, Alexa mit ihrer Longchamps-Tasche und der obligatorischen Kippe zwischen den Fingern, Jan, wie er an seinem Dreitagebart zwirbelt. Jeden Abend geht das Gespräch weiter, und es kommen neue Geschichten hinzu. Auch Tim wird heute etwas zu berichten haben.

»Hey, gut gefunden?«, begrüßt ihn eine junge Frau, die in grauen Filzschlappen in einer offenen Tür steht. »Wer bist du jetzt?«, fragt sie zögerlich, um dann erklärend hinzuzufügen, sie habe bei den »zig Bewerbern« den Überblick verloren. Als sie sich umdreht, um vorauszugehen, sieht man, dass ihr geflochtener Zopf bis zur Taille reicht. Sie trägt Jeans und ein enges blaues T-Shirt. Mit der Hand stößt sie im Flur eine Tür auf, »das ist das Bad«, sagt sie, ohne stehen zu bleiben, dann deutet sie auf eine Tür schräg gegenüber, »und das wäre dein Zimmer«. Sie lächelt. »Schau dir alles an und komm dann einfach in die Küche, da sitzen wir alle.« Alle? Das klingt verdächtig nach Fragerunde, wenn nicht sogar nach Charaktercheck, findet Tim. Aber es hilft nichts. Nach zwei Minuten ist er mit den Räumen durch und muss in die Küche.

»Alle« sitzen am Küchentisch. Die junge Frau in den Filzschlappen heißt Nina, sie studiert Medizin, der andere Mitbewohner heißt Leonard und macht ein Praktikum beim WDR, mit dem Studium ist er fertig. Sonst sitzen da noch der Mitbewohner, der sein Zimmer räumt und zu seiner Freundin nach

Oldenburg zieht, Berta, die sich auch für das Zimmer interessiert und »schon WG-Erfahrung hat«, Steffi, die gerade ihr Abitur absolviert hat, und Steffis Mutter, die wissen will, was sie da bezahlen soll. Tim setzt weiter auf seine neue Strategie: Penetranz. Er lobt das Zimmer und den Flur, die Lage und den Preis, die Sauberkeit und die Ruhe. Die Reaktion ist eher mechanisch. Er könne sich gerne in die Liste der Bewerber eintragen, Berta und Steffi hätten das auch schon getan. Während Tim seine Personalien notiert, startet auch schon das Castingprogramm.

»Also fängst du jetzt mit dem Studium an?«, fragt Leonard.

»Ja.«

»Bist du ein ordentlicher Typ oder eher so ein Chaot?«

»Eher ordentlich.«

»Bekommst du viel Besuch?«

»Och, es geht.«

»Hast du eine Freundin?«

»Ja.«

»Bist du Vegetarier?«

»Nee.«

»Hast du WG-Erfahrung?«

»Nee.«

Dann übernimmt Nina. Ihre Fragen kommen im Tarnmantel. »Also bei uns ist es so«, setzt sie an, »wir haben keinen Putzplan und wollen eigentlich jemanden, der einfach von selbst merkt, wenn was gemacht werden muss.« Leonard nickt und fügt hinzu: »Außerdem haben wir hier keine getrennten Schränke in der Küche.« Nina erklärt: »Es weiß ja jeder selbst, was ihm gehört und was nicht, da braucht man keine Trennlinien.« Wieder bleibt Tim stumm, während die jungen Frauen die Gelegenheit nutzen, heftig zu nicken, als spräche Nina ihnen aus der Seele. Mehr Eigenverantwortung im Umgang mit

Kellogg's Smacks – das ist eine Lebenseinstellung, mit der sie sich offenbar identifizieren können. Nina holt nochmal aus. »Bei uns ist es so, dass wir immer mittwochs zusammen zu Abend essen«, sagt sie. Das entlockt nun auch Tim endlich mal eine Reaktion. »Super«, sagt er – so euphorisch, dass sich Nina offenbar genötigt fühlt hinzuzufügen, dass jeder mal dran ist mit Einkaufen und Kochen für das gemeinsame Mahl. »Ach so«, entweicht es Tim. Steffis Mutter lacht. Ansonsten ist es still. Keiner sagt was. Aber es macht auch keiner irgendwelche Anstalten zu gehen. Wer zu schnell wieder abhaut, signalisiert Desinteresse, diese Regel hatte Rike in ihrem Blog schon nach Tag zwei verkündet. Tim bleibt also.

Was ihm eine Castingfortsetzung beschert. Und da er jetzt schon geschlagene fünfundzwanzig Minuten bei ihnen auf der Küchenbank sitzt, fühlen sich die Mieter offenbar ermutigt, jetzt auch ein paar private Fragen zu stellen – natürlich nur im Rahmen einer normalen Unterhaltung. Nina beginnt mit einem Monolog, den sie versucht, möglichst beiläufig klingen zu lassen. Sie habe ja damals nach der Schule ausziehen müssen, das sei ja mit ihren Eltern gar nicht mehr gegangen. Man sei sich ja so was von auf die Nerven gegangen gegenseitig. Tim nickt angesichts dieser Bekenntnisse höflich mit dem Kopf, sagt aber nichts. Leonard steht offensichtlich auf die direkte Tour. »Warum willst du denn von zu Hause raus?«, fragt er. »Ach so«, sagt Tim, jetzt hat er bemerkt, dass auch schon Nina auf ihre Art diese Frage gestellt hatte. »Ach, ich denke einfach, es ist Zeit. Aber die Beziehung zu meinen Eltern ist gut«, sagt er. Bingo. Schlaue Antwort.

Auch zu dem Thema hatte Rike schon mal was im Blog geschrieben. Sie war bei einer WG-Besichtigung ganz offen gefragt worden, wie viel ihre Eltern verdienten und ob die im Notfall bereit wären, bei den Mietkosten einzuspringen, oder ob sie mit denen im Streit sei. So einen Kern hatte auch Tim jetzt vermutet. Aber Nina meint es anders. »Weißt du«, setzt die an, »wir haben die Erfahrung gemacht, dass Mitbewohner, die eine stabile Beziehung zu ihren Eltern haben, angenehmer und unkomplizierter sind.« Tim nickt wieder nur angesichts so viel psychologischer Spitzfindigkeit. Wer also im Clinch mit den Eltern liegt, darf nicht einziehen? Die Leidensgeschichte der ehemaligen Mitbewohnerin, die den beiden diese Erkenntnis beschert hat, wird nun kurz umrissen. »Ihre Eltern hatten sich wohl ziemlich früh scheiden lassen, und sie hat da sehr drunter gelitten. Erst tat sie uns nur leid, aber später waren wir auch genervt von ihrer Art, immer allen anderen die Schuld zu geben. Sie musste wohl immer vermitteln und hatte eigentlich auch kein gutes Verhältnis zu beiden, na ja, das war sehr anstrengend«, berichtet Nina. »Ja, das ist natürlich sehr anstrengend«, sagt Tim, da habe er selbst keinen Bock drauf. Schon in der Schule hatte er immer die unkomplizierten Freundschaften favorisiert. Kumpels sollten schließlich Spaß bringen und keine Probleme. In weiteren geschlagenen zwanzig Minuten erfahren Nina und Leonard, dass Tim gerne Rugby spielt und Wintersport liebt, dass er noch keine richtig lange Beziehung hatte, dass er noch nicht weiß, wie er bei den nächsten Wahlen wählen soll, was für Leistungskurse er hatte, dass er Einzelkind ist und auf schlanke Blondinen steht, dass er Kinder will, aber nicht mehr als zwei, weil es sonst zu viel kostet, und dass er noch nie einen Nebenjob hatte und auch nicht vorhat, sich einen zu suchen.

Als Tim am Abend in einer Art Best-of die abstrusesten Fragen und beklopptesten Psychotests in Rikes Blog veröffentlicht, wird er von Alexas Erlebnis in München locker getoppt. Sie hatte sich eine Mädchen-WG in Schwabing in der Nähe ihrer Uni angesehen und war von den drei Mieterinnen gebeten worden, einen Fragebogen auszufüllen, wurde dann fotografiert und durfte schließlich die verbleibenden zehn Minuten dazu nutzen, die Mädels davon zu überzeugen, warum sie sich ausgerechnet für sie entscheiden sollten. Damit sie das auch ja ernst nimmt, wiesen die Mädels sie darauf hin, sie habe jetzt die Möglichkeit, ihre Vorteile noch einmal hervorzuheben. Sofern sie den Eindruck habe, »die seien im Fragebogen zu kurz gekommen«. Ein frei vorgetragenes Kurzreferat über ihre Stärken? Das ist für Alexa kein Problem. Zwar lässt sie im Blog durchscheinen, dass sie die Vorgänge in dieser Schwabinger Traumwohnung für außergewöhnlich hält, nicht aber für überflüssig. Unten drunter schreibt sie. »Ist krass, wenn man der Bewerber ist, aber ich würd's bei meiner WG auch so machen.« Mit ihrer Akte, bestehend aus dem Fragebogen, dem angehefteten Bild und den Notizen der drei zu ihrem Vortrag, ist Alexa zufrieden. Und die Elite-Clique offenbar auch, denn zwei Tage später wird Alexa eine Zusage bekommen. Sie ist aufgenommen.

Tim sucht weiter. Am nächsten Tag hat er gleich wieder zwei Termine, der erste führt ihn in einen Streichelzoo in Köln-Deutz. Hinter der Tür erwarten ihn außer der potenziellen Mitbewohnerin Jenny auch noch zwei Katzen, zahlreiche Wühlmäuse und Meerschweinchen. Nach fünf Minuten, in denen sich die Katzen ausgiebigst an seinen Hosenbeinen gerieben haben, kommt er schon wieder raus. Er habe eine Tierallergie, hat er Jenny berichtet. »Dass ich Katzen hasse, kann ich der ja schlecht sagen«, erklärt er zurück vor der Haustür. Dass ihr Freund alleine mit einer Frau zusammenwohnt, hätte Sophia sowieso nicht gepasst. Über seine SMS, dass es mit dieser WG nichts wird, wird sie sich freuen. Einen Termin hat er noch für heute. Es geht nach Köln-Braunsfeld in eine Männer-WG. Kaum öffnet sich die Tür, riecht es nach neuen Turnschuhen und alten Socken. »Hey, komm rein«, begrüßt ihn ein drahtiger Typ namens Phillip. Der Geruch, der Tim entgegenkommt, lässt keine andere Frage zu als diese eine: »Machst du Sport?« Phillip spielt Tennis, interessiert sich ansonsten für schnell zubereitetes Essen, schlanke Blondinen, die Simpsons, kühles Bier und Partys. Passt! Genau das sind auch Tims Interessengebiete. Als die beiden nach einer halben Stunde zum Abschied einschlagen, ist die Sache besiegelt, hier wird er einziehen. Casting beendet. »Viel länger hätte ich jetzt aber auch nicht mehr gesucht, habe echt keinen Bock mehr«, sagt er.

Dann hätte er doch lieber die Hilfe seiner Eltern in Anspruch genommen. Die hatten angeboten, ihm bei der Wohnungssuche unter die Arme zu greifen. Auch wenn sie gar nicht verstanden, warum ihr Sohn überhaupt ausziehen wollte. Der könnte sich doch so viel Stress ersparen, wenn er bleibt. Zu Hause wäre es doch für ihn viel bequemer. Da bekäme er zweimal am Tag warmes Essen, das Zimmer gesaugt, die Sachen gebügelt und so viel Geld, wie er braucht. Letzteres natürlich auch weiterhin. Auch die Unterstützung durch einen befreundeten Makler hatten sie angeboten, und der Kollege vom Vater habe doch selbst Wohnraum in Köln, da könnte man doch mal nachhören. Eine große Verlockung – aber Sophia hatte Tim davon abgeraten. »Überleg mal, dann kriegen deine Eltern immer weitergetratscht, ob du Dreck im Hausflur machst«, hatte Sophia argumentiert. Recht hat sie. Was alleine hinkriegen ist definitiv cooler – aber auch anstrengender.

Oft siegt dann doch die Bequemlichkeit, zumal einige Eltern ihren Kindern die Unselbstständigkeit auch noch so schön schmackhaft machen. Tims Mutter wird ihrem Sohn im Herbst anbieten, ihm zweimal die Woche eine ordentliche Mahlzeit vorbeizubringen. Wer kann da schon ablehnen? Und wieso sollte er? Auch Sophia, die jetzt noch für Eigenständigkeit plädiert, wird sich dann nicht mehr wehren. Hähnchenbrust mit Orangensoße, Kartoffelgratin und Mousse au Chocolat statt Fischstäbchen mit Ketchup – das lässt sie sich auch gefallen. Ausziehen, aber sich weiterhin von der Basis versorgen lassen mit Lebensmitteln, sauberer Wäsche und Klopapier – das ist auch normal. Die wenigsten jungen Menschen der Stufe leben nach dem Auszug komplett eigenständig. Unterstützung erhalten sie alle – finanzielle sowieso. Hauptsponsor des Hochschulstudiums sind nach wie vor die Eltern, der Betrag, den diese im Durchschnitt monatlich zur Verfügung stellen, steigt seit Jahren kontinuierlich an, wie die Ergebnisse der Sozialerhebungen des Deutschen Studentenhilfswerks belegen. Trotzdem sind die Schwankungen immens. Während Tim sich mit seinen Eltern auf tausend Euro monatlich geeinigt hat, bekommt Isabell sechshundert Euro, Jana nur fünfhundert Euro, Rike dreihundert und Jan lediglich das Kindergeld, also hundertfünfzig Euro, überwiesen.

Auch den Umzug selbst organisieren selten die Freunde miteinander. So häufig man auch im Sommer miteinander rumgehangen hat, gefeiert und gelacht, für den Umzug rekrutiert man dann doch lieber Mama und Papa. Die wissen, wie das geht, die haben das Kleingeld für den Transporter und die bezahlen dann noch den ersten Großeinkauf, um die neuen Schränke zu füllen. Und das tun sie gern. Rike hatte sogar den Eindruck, dass sich ihr Vater in ihrer Studenten-WG in Friedrichshain wohler fühlt als sie. Am Ende hat er sogar seinen Urlaub verlängert, um noch zwei Tage länger zu bleiben, Berlin anzuschauen und abends mir ihr in der verranzten Küche Omelettes zu braten. Sogar mit ihren drei Mitbewohnern hat er Kontakt aufgenommen, sie im Flur ausgefragt und sich kurzerhand in ihre Zimmer eingeladen. »Hilfe, mein Vater klaut mein Leben«, hatte Rike abends ihren Freundinnen gesimst. Kein unbekanntes Gefühl für die anderen. Einerseits profitieren sie alle gern von der großen Bemutterung, andererseits ist es ihnen auch manchmal peinlich. Frei nach dem Motto »eigentlich müssten wir erwachsen werden«. Aber Kind sein ist halt auch ganz praktisch. Da muss man nicht an so viele Dinge denken, sich um nichts kümmern, nur nach Hause kommen und die Gabel zum Mund führen.

Das Leben allein bringt mehr Arbeit, als sie erwartet hatten. Irgendwie ist immer was zu tun. Der Installateur der Internetfirma kommt nicht zum vereinbarten Termin und man muss hinterhertelefonieren, die GEZ steht plötzlich vor der Tür und will Geld, die Vermieter nerven wegen des dreckigen Hausflurs, die Mitbewohner stressen wegen des Abwaschs, der im Spülbecken wartet, die Bank braucht eine Immatrikulationsbescheinigung und ruft ständig an, keiner kauft Klopapier nach, man muss sich dringend noch ummelden, und dann auch noch die ganze Rennerei in der Uni. Hier ein Zettel zu wenig, da fehlt eine Unterschrift, und die Internetseite für die Kursanmeldung stürzt auch ständig ab. Da ist man rund um die Uhr beschäftigt, ohne wirklich das gemacht zu haben, wofür man ausgezogen ist: leben. Und wenn man nach all dem Ärger abends in die neue Bude kommt, dann warten nicht mal die feinen Barilla-Nudeln, die es zu Hause immer gab, sondern die trockene Variante vom Discounter. Die guten Fertigsoßen sind zu teuer, Olivenöl sowieso. In Rikes WG hat sich deshalb »Penne Ja« durchgesetzt. Grundlage bildet eine Packung passierter Tomaten von »Ja«, dazu kommen Knoblauch, Pfeffer und Salz – das war's. Wenn sie abends chatten, dann schwärmen sie nicht selten von den Mahlzeiten zu Hause, von frischem Fisch, von Kartoffeln mit Sauerkraut und Kassler, von Obstsalat mit Quark. Auch Richard gibt auf seinem Internetprofil regelmäßig bekannt, er vermisse Mamas Schnitzel mit Kartoffelsalat. Wenn er nicht diesen Studienplatz in Jena bekommen hätte, wäre er zu Hause wohnen geblieben, da macht er keinen Hehl draus. Aber in Jena, habe er gehört, seien die Bedingungen für Physik so gut, und deswegen sei das halt jetzt nötig. Euphorisch stimmt ihn das eigenständige Leben in seinem Zimmer im Studentenwohnheim aber nicht gerade.

Nesthocker

Vierundsechzig Prozent der vierundzwanzigjährigen Männer wohnen noch bei ihren Eltern, doppelt so viele wie vor dreißig Jahren. Bei den jungen Frauen sind es nur siebenundzwanzig Prozent, so die Erhebungen des Statistischen Bundesamtes. Längst sprechen manche von einer Generation der Nesthocker. Inzwischen gibt es im Fernsehen sogar Dokumentationen, die junge Menschen dabei filmen, wie sie von ihren Eltern rausgeschmissen werden, und die sind häufig Mitte bis Ende zwanzig.

Michael ist ein solcher Nesthocker aus Überzeugung, auch nach dem Bund will er erst mal zu Hause bleiben. »Ist doch billiger, und mit meinen Eltern verstehe ich mich gut. Ist eher so eine Art WG bei uns. Vorschriften gibt es nicht«, sagt er. Der Spruch von der »WG mit den Eltern« ist typisch. Das klingt cooler und unterstellt, man habe die eingespielten Rollenmuster durchbrochen und lebe jetzt gleichberechtigt zusammen. So ist es selten. Zwar arbeitet der ein oder andere im Haushalt mit, aber keiner von ihnen in dem Ausmaß, wie er es in einer echten WG müsste. Essen gibt's immer noch ohne Einkaufen, und wenn man denn mal staubsaugen muss, für das Wechseln der vollen Beutel ist man dann doch nicht zuständig, geschweige denn für deren Anschaffung.

Besucht man Isabell, ist alles wie noch vor einem Jahr. Ihre Mutter öffnet die Tür und ruft Isabell nach unten, horcht einen aus, wenn auch äußerst sympathisch, ermahnt Isabell, die Stufen nicht immer so runterzustampfen, und strahlt sie dann selig an. Nur eines hat sich verändert. Sie schickt die Freundinnen ihrer Tochter nicht mehr nach oben, verbunden mit dem Versprechen, gleich was raufzubringen, sie bittet sie in die Küche. Man ist ja jetzt unter Frauen. Isabell erklärt es nachher so. »Sie meint es ja nur gut, da kann ich ihr ja nicht sagen, dass wir lieber hochgehen wollen. Sie hat ja gerade Waffeln gemacht, und die waren ja auch lecker, oder?« Und nett sei sie ja auch. Nett sind sie alle. Nichts läge ihnen ferner, als ihre Kinder zu bitten, auszuziehen, »wo doch so viel Platz ist« und es »hier nichts kostet«. Da könnten sie ihr Geld doch lieber anders ausgeben – für ein neues Handy statt für Putzmittel, die man dann auch noch selbst nach Hause schleppen müsste, um sie dort zu allem Überfluss auch noch selbst zu benutzen.

Sara wäre gerne ausgezogen, hätte gerne den nächsten Schritt in die Selbstständigkeit gemacht. Eine eigene Wohnung, das sei doch die größte Freiheit, die man sich wünschen könnte, hatte sie einmal gesagt. Heimkommen, wann man will, essen, wann man will, schlafen, wann man will – sie könne sich kaum etwas Schöneres vorstellen. Aber für ihre Eltern kam das nicht infrage. Sie würde zu Hause gebraucht, sie könne ihre Familie doch nicht im Stich lassen. Und wenn sie das doch erwäge, dann sei ja klar, dass sie nicht weiter finanziell unterstützt würde. Sie müsse dann alleine klarkommen. Sara durfte sich frei entscheiden: für oder gegen die Familie.

15 Punkt für Punkt

Uni für Anfänger

Meine Vorlesungszeiten kollidieren mit meinen Schlafzeiten

53 921 Mitglieder

Sie ist diesen Weg schon ein paar Male gefahren. Vergangene Woche, als sie die Vorbereitungstreffen besucht hat, aber da wurden die Erstsemester immer noch als Gäste begrüßt. Und so hat sie sich auch gefühlt. Heute geht sie das erste Mal als echte Studentin hin. Ein aufregendes Gefühl. Diese Mischung aus Verantwortung und Vorfreude. Das Wissen darum, dass gerade etwas Neues beginnt. Dieses Rumoren im Bauch, dieses Flattern, wie nach zu viel Kaffee ohne Milch. Diese Leere und gleichzeitig das Gefühl, übervoll zu sein mit Emotionen. »Ich bin gerade so durchgeknallt«, sagt Jana, aber leise. Sie will um keinen Preis als einer dieser 335 554 hibbeligen Erstis auffallen, die in diesen Tagen die Unis und Fachhochschulen überschwemmen. Wo der Saal liegt, in den sie heute muss, das hatte sie schon im Internet rausgefunden. »Ich will da nicht rumirren wie ein Neuling«, erklärt sie. Sie will locker aus der Linie neun aussteigen, den Bahnsteig auf der richtigen Seite verlassen, mit den anderen Richtung Haupteingang gehen, vor der Glastür noch den leeren Starbucks-Becher entsorgen, reingehen und zielstrebig den Raum aufsuchen. Kein hektisches Umherblicken, kein Anrempeln aufgrund ruckartiger Richtungswechsel, und vor allem will sie niemanden fragen müssen. Die Vorbereitung hat sich gelohnt, sie nimmt ein paar Stufen und betritt entspannt und pünktlich den Saal. Ein paar andere sitzen hier schon, einige haben bereits ihre Arbeitsmaterialien auf dem Ausklapppult aufgebaut und schauen sich neugierig um. Andere haben ihr Handy in der Hand, tippen etwas und versuchen möglichst wenig einsam auszusehen.

Jana zögert. Wohin setzen? Setzt man sich neben die falschen Leute, wird man gleich mit denen gesehen, assoziiert und als der Gruppe zugehörig abgestempelt. Zu ihrer akribischen Vorbereitung hat auch gehört, sich bereits bei studiVZ diejenigen anzuschauen, die dort dieselben Lehrveranstaltungen angegeben haben wie sie. Ein paar Profile haben ihr gut gefallen. Ein Mädchen namens »Anna Schmetterling« hat sympathische Angaben gemacht, schaut auch gerne französische Filme, hört auch gerne Indie-Bands und liest auch gerne Heine. Auf ihrem Profilbild trägt Anna Schmetterling ein graues Shirt mit einem Katzenkopf auf der Brust, ihre Augen sind dunkel geschminkt und ihre Wangen blass. Sie sitzt auf einem alten Schaukelpferd und blickt verträumt in die Linse. Fotos, denen man ansieht, dass man sie von schräg oben selbst aufgenommen hat, sind zwar bei Jana und ihren Freudinnen tabu, seit die jeder hat, aber trotzdem: »Besser als völlig unmotiviert erstellte Profile«, urteilt Jana. Außerdem ist ihr noch das Profil einer gewissen Eli aufgefallen. Die hat ein Foto reingestellt, auf dem sie in einem roten Plüschsessel sitzt und an einem Champagnerkelch nippt.

Außerdem hatte sie als Traum-Wohnort ebenfalls New York angegeben – genau wie Jana. Diese Sehnsucht haben sie also schon mal gemeinsam. Aber beide vorab gecasteten potenziellen Freundinnen kann sie nicht entdecken.

Jana geht langsam die Sitzreihen nach hinten. Neben eine Kommilitonin im Strickpulli setzt sie sich auf keinen Fall. Schon häufig hat sie den Freundinnen ihre Sorge mitgeteilt, es könne sich bei ihren Kommilitoninnen ausschließlich um »berufene Weltretter« handeln, die Kinder nicht nur unterrichten, sondern erziehen wollten. »Mit solchen kann ich nichts anfangen«, hat Jana auch auf dem Hinweg in der Bahn nochmal erklärt. Überhaupt sei das ja eigentlich nicht der Studiengang, den man erwarte, wenn man sie sehe, meint Jana. Sie sei ja nicht so der Pädagogentyp – »zumindest nicht optisch«. Und eine von »diesen Germanistinnen« sei sie schon mal gar nicht. Nicht so ein schüchternes Mädel, das Deutsch studiert, weil es sich nichts anderes zutraut. Sie habe ja eigentlich Medizin machen wollen, und den NC dafür habe sie auch gehabt, betont sie. Fast klingt es, als sei sie der Auffassung, die Professoren könnten sich glücklich schätzen, dass sich auch eine befähigte junge Frau für ihr Fach entschieden habe.

Als Jana sich endlich neben eine schmale Blondine mit weißblauem Ringelshirt und goldenen Ohrringen setzt, erfährt sie gleich, dass auch die es eigentlich gar nicht nötig habe, Germanistik zu studieren. Sofort werden die Abiturnoten verglichen, die LK-Fächer ausgetauscht und die Abiturfragen in Deutsch analysiert. Eleonore, die sich Leo nennen lässt, hat ebenfalls ein sehr gutes Abitur gemacht und sich nach langem Ringen für ein Studienfach ohne Prestigefaktor entschieden. Von der Sorte wird Jana im Laufe des ersten Semesters noch einige kennenlernen. Junge Frauen machen die besseren Abschlüsse, aber drängen dann in weiblich konnotierte Studiengänge, schließen die Uni mit besseren Noten ab als die jungen Männer, aber landen dann wiederum in weiblich konnotierten Berufen und verdienen weniger. »Mir ist das schon bewusst, dass ich mit einem anderen Fach später mehr Geld machen könnte, aber ich hab mich eben für das entschieden, was mir Spaß macht, und gegen das Geld«, sagt Jana. Den Hinweis, dass sie ja als Lehrerin auch ganz ordentlich verdienen werde, mag sie nicht. Den kennt sie schon. »Ja, ja«, sagt sie dann, »ist o. k., aber reich ist anders.« Leo nickt zustimmend. Sie studiert Deutsch und Geschichte auf Bachelor. Eine Fächerkombination, die nicht automatisch in einen bestimmten Beruf mündet. Damit kann sie alles werden – oder nichts. »Das ist schon etwas, was einen unter Druck setzt«, sagt sie.

Studieren ist nicht mehr exklusiv. 39 Prozent aller jungen Menschen beginnen ein Studium, so besagt es die Studienanfängerquote für 2008. Da müsse jeder quasi zusätzlich noch selbst dafür sorgen, dass er am Ende aus der Fülle der Akademiker heraussteche. Leo sagt, sie wolle dafür sorgen, dass ihr Lebenslauf am Ende »Sinn ergebe«, dass sich Studium und Praktika so ergänzten, dass sie was Gutes findet. Was das genau sein soll, weiß sie noch nicht. »Vielleicht Journalismus oder Werbung oder Marketing«, sagt sie, offensichtlich bemüht, die ausgelutschte Beschreibung »irgendwas mit Medien« zu umgehen. Da sitzen sie also, zwei einander völlig fremde junge Frauen, und tauschen gleich ihre Karrierepläne aus. Aber verbissen wollen sie eigentlich gar nicht wirken. Leo gibt sich nun wieder bemüht entspannt: »Wenn ich nichts finde, dann studiere ich einfach weiter«, sagt sie. Sie studiert auf Bachelor, wie knapp zwei Drittel der Studienanfänger zum Wintersemester 08/09. Danach will sie noch einen Master anschließen, danach vielleicht nochmal einen Aufbaustudiengang im Ausland machen oder promovieren – das ist der Plan B, den sie alle im Hinterkopf haben. Abschlüsse und Praktika kann man nie zu viel haben, glauben sie.

Diese erste Unterhaltung scheint genormt zu sein. Sie findet in diesen Tagen tausendfach an Universitäten im ganzen Land statt. Man trifft aufeinander, man testet, man fragt, man preist sich an, vergleicht LK-Fächer und Abschlussnoten. Wer Deutsch studiert, Pädagogik oder Soziologie, der führt noch einmal an, dass er auch für jedes andere Fach qualifiziert wäre. Und wer Ingenieurwissenschaften studiert, Jura oder Medizin, der rechtfertigt noch einmal seine Anwesenheit. So als habe ein Personaler ihn aufgefordert, seine Stärken zusammenzufassen, dabei hat bloß ein Kommilitone gefragt, warum er sich für dieses Fach entschieden hat. Casting total.

Eine Erfahrung, die auch die anderen aus der Stufe machen – und die sie trotz ihrer häufig bekundeten Abgebrühtheit doch überrascht. »Ich habe gedacht, dass man so eine Studigruppe ist und zusammenhält, aber dass es hier auch so einen krassen Konkurrenzgedanken gibt, habe ich nicht erwartet«, erzählt Isabell, die an ihrem ersten Tag als Jurastudentin nach der Anzahl der Juristen in ihrer Familie gefragt wurde, gleich nachdem sie ihren Namen genannt hatte. Nun Teil einer Gruppe zu sein, die ebenso zielstrebig ist wie sie, ängstigt sie. »In der Schule war ich eine der Guten und galt als sehr ehrgeizig, meine Mitstudenten hier scheinen aber auch alle ehrgeizig zu sein. Ich weiß nicht, ob ich es hier auch wieder schaffe, eine der Besten zu sein«, erklärt sie. Das Niveau halten trotz stärkerer Konkurrenz – das wollen die jungen Menschen aus der Stufe alle. Zum einen, weil sie müssen. Weil bereits der Zugang zu einem Masterstudiengang begrenzt ist und an vielen Unis längst nicht alle

Bachelorabsolventen weiterstudieren können, sondern nur die besten. Und weil nur die Aussichten auf einen Job haben, die wiederum dort am besten abgeschnitten haben. Zum anderen, weil sie selbst es gewohnt sind, Leistungen zu erbringen. Sie haben in den vergangenen Jahren gelernt, sich vor allem über ihre schulischen Erfolge zu definieren. Einige von ihnen – vor allem jene, die nie gejobbt haben, sich nicht sozial engagieren oder keinen Vereinssport betreiben – wissen gar nicht, wie es ist, mit Worten gelobt zu werden. Sie kennen Lob nur in Form von Zahlen.

Alles für die Note

Die Illusion, dass sie für sich selbst lernen, haben sie aufgegeben. Was zählt, ist die Note, nicht die Erkenntnis. Das neue Studiensystem bestärkt diesen Trend. Auf jede Lerneinheit folgt eine Prüfung. Der alte Anspruch, sich selbst zu bilden, ist passé. Man liest, was der Lernplan vorgibt, für intellektuelle Exkursionen auf eigene Faust reicht die Zeit kaum. Es geht darum, wie gut sie das Gelernte wiedergeben – und nur das. Oft sind gar keine langen Ausführungen gewünscht. Fragebögen zum Ankreuzen sind ebenso üblich wie Klausurfragen, die so eng gestellt sind, dass nur acht Antwortsätze möglich sind, wenn sie nicht nachher den Hinweis »Thema verfehlt« unter ihrem Text finden wollen. Der Eindruck, hauptsächlich funktionieren zu müssen, wird sich in den kommenden Monaten verfestigen. Die Vorfreude auf das etwas freiere Lernen, die neuen Einblicke in große Zusammenhänge und das Gefühl, sich weiterzuentwickeln, weicht einem anderen Gefühl: Ernüchterung. Eigentlich geht es weiter wie vorher, und alle machen brav mit. Ausbrechen ist nicht gefragt. Keiner zettelt eine Diskussion an, keiner stellt kritische Nachfragen, keiner regt an, noch einen weiteren Text zu lesen. Wieso engagieren? Am Ende interessiert es keinen, ob die Vorlesung spannend war oder öde, solange man nur seine Punkte bekommen hat.

Leider scheint selbst das mit den Punkten schwieriger zu werden. Nicht weil der Stoff so anspruchsvoll ist, sondern die Vorgaben plötzlich so schwammig. In der Schule war immer klar, was in der nächsten Klausur als Thema drankam. Man hat das ja durchgesprochen. Und die Form war immer gleich, egal ob Mathe, Deutsch oder Bio. Es gab Aufgaben und die arbeitete man nach und nach ab. Was der betreffende Lehrer hören wollte, das hatte er deutlich gemacht. Und jetzt? Sollen sie plötzlich zu einem Thema fünfzehn Seiten schreiben, ohne dass dazu Fragen formuliert würden. Die plötzlich geforderte Eigenverantwortlichkeit ist den Abiturienten ganz und gar nicht geheuer. Man soll sich selber eine These ausdenken und »dann einfach loslegen«, wie es ein Dozent flapsig formuliert. »Wie soll ich denn bei meiner ersten Hausarbeit wissen, ob ich das richtig mache, dann schreib ich fünfzehn Seiten und das ist alles falsch«, klagt Isabell abends ihren Eltern. Die finden das auch »ganz schön riskant«, schließlich sei das Ergebnis ja wichtig. Im Bachelor zählt jede Note, »einfach loslegen« scheint auch ihnen da nicht angebracht zu sein. Eine von Janas Professorinnen reagiert auf die Angst vor dem ersten Schritt im akademischen Betrieb. »Ich biete den jungen Studenten an, dass sie mir von der Hausarbeit die ersten zwei Seiten schicken, und ich gebe ihnen dann ein Feedback, so wissen sie, ob sie auf dem richtigen Weg sind«, erklärt sie ihr Angebot. Man müsse die Ängste ja auch ernst nehmen, sagt sie. Auch wenn ihr das angesichts einiger Fragen manchmal schwerfalle.

Hier eine Auswahl aus den Seminaren, Übungen und Vorlesungen von Tim, Alexa, Jana, Richard und Isabell. Mal mit fester Stimme vorgetragen, mal runtergenuschelt, mal rausgepresst wie eine Entschuldigung: »Wie viele Fragen umfasst der Test?«, »Wie viele Möglichkeiten stehen jeweils zum Ankreuzen zur Auswahl?«, »Gibt es Punktabzug für falsche Antworten?«, »Darf man bei einem Multiple-Choice-Test noch Ausführungen an den Rand schreiben und gibt das dann zusätzlich Punkte?«, »Wie viele Seiten muss eine Hausarbeit haben?«, »Gibt es Punktabzug, wenn man eine Seite mehr schreibt?«, »Was ist, wenn der Drucker am Abgabetag kaputt ist?«, »Aus wie vielen Quellen muss zitiert werden?«, »Was passiert bei Rechtschreibfehlern, ab dem wievielten gibt es Punktabzug?«, »Was zählt mehr? Das mündliche Referat oder die schriftliche Ausarbeitung?«, »Was ist, wenn die E-Mail mit dem angehängten Essay am Abgabetag erst um kurz vor zwölf eingeht?«, »Und wenn man es per Post schickt: Gilt dann das Datum des Poststempels?«, »Was ist, wenn Ihnen meine These nicht gefällt?«, »Wird die Klausur schwieriger, wenn man sie im Zweitversuch schreibt?«, »Wie viele Tage vorher kann man sich von der Klausur wieder abmelden?«, »Was ist, wenn man es im Drittversuch nicht schafft, darf man dann nie wieder studieren in Deutschland?«, »Wie hoch ist die Durchfallquote bei den Essays?«, »Kann man in der nächsten Stunde nochmal kurz den Aufbau eines Essays durchgehen?«.

Andere Professoren reagieren auf so viel allgemeine Verunsicherung nicht so verständnisvoll wie ihre Kollegin. Er sei nicht die Auskunft, erklärt ein anderer Professor von Jana seiner Hörerschaft. Formelle Fragen könnten sie im Prüfungsamt klären, und wer kein Essay schreiben könne, der müsse es eben üben. Ende. Aus. Was die heutige Studentenschaft charakterisiert?

Auf diese Frage antwortet der Anfang Sechzigjährige ohne zu zögern: »Diese Ängstlichkeit. Dieser Autoritätsglaube. Ich blicke nur noch in demütige Gesichter, wenn ich einen Hörsaal betrete. Das macht keinen Spaß mehr. Die Zeiten, in denen sich die Jüngeren an den Älteren gerieben haben, scheinen vorbei zu sein. Von Streitlust ist da nichts zu spüren«, klagt er, und dann erzählt er fassungslos eine Anekdote aus seiner Vorlesung. Eine Studentin habe sich auf eine Frage hin gemeldet und anstatt die korrekte Antwort zu geben, einen Sermon von persönlichen Erfahrungen und Eindrücken abgelassen. Er habe die junge Frau dann irgendwann mit dem Hinweis unterbrochen, sie könne das alles sehr gerne in ihr Tagebuch schreiben, aber hier in der Sitzung sei das nicht von Interesse. Schon während er das sagte, habe er sich auf eine freche Antwort gefasst gemacht. Er habe schon abgewogen, welchen Konter er durchgehen lassen würde und welchen nicht. Die Überlegung erübrigte sich. Statt zu stänkern, habe das Mädchen angefangen zu weinen und den Raum verlassen, berichtet der Dozent. »Schade«, sagt er dann noch. Der Professor als Antreiber sei nicht mehr gefragt. Den Magisterstudenten habe man noch Dampf machen müssen, sie ein bisschen anstacheln, provozieren gar manchmal. Aber die Bachelorstudenten, die seien zu jung, um das auszuhalten, noch so ängstlich und unsicher. »Tja, die brauchen eher den lieben Opa, der sie bestärkt und ihnen alles erklärt«, analysiert er. »Darauf habe ich aber gar keine Lust«, fügt er noch trotzig hinzu.

Die Nachfrage nach Information und »Begleitung« ist immens. Zwei Drittel der Erststudenten melden Bedarf an. Die meisten brauchen Hilfe bei der Planung ihres Studiums, sei es bei der Erstellung des Stundenplans oder der Einschätzung des Lernaufwandes für eine Prüfung. So viel lesen, so viel vorbereiten und dann auch noch immer anwesend sein – das scheint ihnen unmöglich. Jeder sechste Student macht sich Sorgen, die Anforderungen nicht erfüllen zu können – vor allem nicht in der vorgegebenen Zeit. 180 Leistungspunkte in drei Jahren? Unmöglich. Gelassenheit kennen sie nicht. Die Möglichkeit, einfach im eigenen Rhythmus zu studieren, wenn auch ein bisschen länger, kommt auch nicht infrage. Wer ein Studium in der vorgegebenen Zeit nicht schafft, der »sollte vielleicht lieber nicht studieren«, urteilt Isabell hart. Dass es von Selbstbewusstsein zeugen kann, nicht sich selbst anzuzweifeln, sondern die Konzeption des Studiengangs, darauf kommt sie nicht. Lieber setzt sie sich selber unter Druck und verbringt noch mehr Zeit mit Lernen. Ein übliches Muster. Die Angst, es nicht zu schaffen, ist groß, und der Tunnelblick vergrößert das Problem nur noch. Machen, machen, machen. Die Bachelor-Erstsemester verbringen mehr Zeit mit dem Studium als alle anderen Studenten – im Durchschnitt 37 Stunden in der Woche. Selbst der Diplomand im letzten Jahr geht laut einer Studie des Studentenwerks seltener in die Vorlesung und lernt weniger daheim.

Was wollt ihr denn? Einen Master!

Ein Bummelstudium ist beim Bachelor nicht vorgesehen. Wem eine Prüfung aus dem ersten Jahr fehlt, der kann die Module aus dem zweiten Jahr nicht mehr belegen – so wird sichergestellt, dass alle mitziehen. Pufferzeiten werden ausgemerzt, nicht nur im Hochschulbetrieb. Erst wird den Schülern ein Schuljahr gestrichen, und nun werden auch noch Studiengänge angeboten, die ebenfalls keine Orientierungsphase mehr vorsehen. Und das in einer Lebenssituation, die entwicklungspsychologisch sehr viele neue Anforderungen stellt, wie etwa die Ablösung von den Eltern und den Aufbau eines eigenen sozialen Netzes. Die jungen Menschen werden durchs System getrieben, und diese Hetze merkt man ihnen an. Sogar das Auslandssemester wird durch den Bachelor erschwert. Wer sich nicht hundertprozentig sicher sein kann, dass seine Leistungspunkte von der Auslandsuni angerechnet werden, der überlegt es sich zweimal, ob er sich den Luxus gönnt. Laut Hochschul-Informations-System (HIS) gehen nur fünfzehn Prozent der Bachelor-Studenten ins Ausland, unter den Diplomstudenten sind es vierundzwanzig, unter den Magisterstudenten vierunddreißig Prozent. Den eigenen Rhythmus finden? Einfach ein Semester länger studieren? Oder zwei? Unmöglich. Das ist nicht eingeplant. Schließlich kommen ja auch immer wieder Studenten nach, neue Konkurrenten. Die Zahl der Studienanfänger wird im Jahr 2013 ihren Höhepunkt erreichen und um etwa zehn Prozent über dem Stand von 2008 liegen, so lauten Berechnungen der Kultusministerkonferenz. Und die wollen – wie drei Viertel aller europäischen Bachelorstudenten – sicherlich auch einen Master dranhängen, denn nur der ist dem bisherigen Diplom oder dem »alten« Magister gleichwertig und bei Arbeitgebern anerkannt. Aber: Masterplätze gibt es nicht für alle, sondern nur etwa für ein Drittel der Studenten, so eine Schätzung des DHV. Das alte Lied: Nur die Schnellen und Besten kommen weiter. Und jeder will dazugehören.

Dieses Wissen stresst. Macht Angst und mürbe. Nach fünf Wochen Studium ist Isabell krank und bekommt Bettruhe verordnet. Dass sie mit dem ärztlichen Attest wirklich ohne Nachteile in der Uni fehlen darf, glaubt sie aber nicht. Zu Hause schaut sie lieber erst mal online in der Studienordnung nach, ob dieser hellblaue Wisch wirklich von den Dozenten anerkannt werden muss. »Man weiß ja nie, hinterher nehmen die es nicht an«, röchelt sie. Erst abends, als ihr Hals zu ist, das Fieber steigt und ihre Wangen rötlich glühen, legt sie sich hin. Der Unibetrieb hat sie aufgerieben, erst eine Grippe zwingt sie zum Runterkommen. Eigentlich wollte sie heute Abend mit Alexa in München skypen. Sie schreibt der Freundin noch schnell eine Nachricht: »bin krank, tut mir leid«.

16 Mädchen für alles

Der unsichtbare Unterschied

Eva Herman soll mein Zimmer putzen

15 830 Mitglieder

Rike hat die andere junge Frau in ihrem Haus gleich bemerkt. Deren moderner Haarschnitt, die coolen Klamotten und vor allem der selbstsichere Blick sind ihr aufgefallen. Irgendwann hat sie die Fremde dann auf der Treppe mal angesprochen, ob sie mal einen Kaffee mit ihr trinken wolle. Edith mochte zwar Kaffee, aber nur schwarz und nur morgens, und dann sei sie am liebsten alleine. Aber vielleicht habe Rike ja Lust, am Samstag mit ihr feiern zu gehen. »Sie nimmt mich am Wochenende mit zu ihren Freunden. Supergeil. Sie kennt superviele Leute und Locations«, hatte Rike ihren Freundinnen in Köln geschrieben. Seither bekommen die Freundinnen jedes Wochenende ein Update aus der Hauptstadt. Mal hat Rike in Ediths Schlepptau eine illegale Party in einem leerstehenden Plattenbau besucht, mal eine schicke Homobar, und einmal ist sie sogar in einem Swingerclub gelandet, und immer berichtet sie nachher, wie spannend die Stadt sei und wie gut Edith feiern könne und wie emanzipiert sie sei.

Edith lasse sich von niemandem einengen. Weder von der Gesellschaft noch von ihrem Geschlecht. Sie benehme sich nicht immer nett und höflich, wenn ihr was nicht passe. Edith lasse sich nicht einschüchtern. Bereits an einem ihrer ersten Abende, an denen sie zusammen unterwegs gewesen seien, habe Edith sich mit einem Typen angelegt, weil der sie am Arsch begrapscht habe in der Disco. Sie habe ihn einfach angeschrien, vor allen. Rike sagt, sie sei bei solchen Vorfällen bisher immer einfach weitergegangen, in eine andere Ecke, damit das nicht wieder passieren könne. Edith wehre sich. Sie sei nicht passiv. Nie. Wenn sie Lust habe rumzumachen, dann tue sie das an Ort und Stelle. Wenn sie Lust auf Sex habe, dann nehme sie sich einen Typen mit nach Hause. Aber niemand komme auf die Idee, sie abfällig als Schlampe zu bezeichnen. Schließlich nenne sich Edith selber so. »Ja, klar bin ich 'ne bitch, so what«, habe sie einmal zu Rike gesagt. Rike findet das nur konsequent, dass emanzipierte Frauen sich nicht so nennen lassen, sondern sich selbst so nennen. Dann war das ja keine Beleidigung. Oder? Sondern eher eine Auszeichnung. Eine bitch nehme sich, was sie wolle – auch von Männern.

Heute emanzipiert sein, das heißt, sooft es geht, »Muschi« sagen, ständig vom Ficken reden, dabei möglichst kein Detail auslassen und sich zu all der verbalen Offenherzigkeit auch noch möglichst knapp bekleiden – so jedenfalls kommt es bei den jungen Frauen an. Feministinnen leben sich aus genau wie Männer. Und sich auszuleben, kann doch nichts anderes bedeuten, als Sex zu haben. In den allermeisten Lebensbereichen täten Frauen längst, was sie wollten, finde Edith. Nur eine Bastion hätten die Feministinnen der alten Garde noch nicht erobert. Den Sex. Da seien Frauen immer noch nicht gleichberechtigt, da dürften sie nicht so umtriebig sein wie Männer.

Und wenn, dann dürften sie nicht darüber reden. So weit die Theorie. Aber die Zeiten seien im Begriff, sich zu ändern. Spätestens seit »Feuchtgebiete« – ihrer Bibel – sei sie nicht mehr die Einzige, die in der Supermarktschlange über Analsex spreche. »Die Öffentlichkeit muss über den Zustand meiner Körperöffnungen informiert werden« – genau so hatte Edith es einmal besoffen proklamiert. Ficken sei Silber, drüber reden Gold. Und ganz nebenbei tue sie mit ihrer Offenheit etwas für die Frauenwelt. Sex ist weiblich.

Und der Rest, der da mal auf der Agenda stand? Benachteiligung im Beruf, ungleiche Rollenverteilung im Privatleben und Bevormundung durch die Politik? Das gibt's doch alles längst nicht mehr, denken Rike, Alexa und Sophia. Ihre Mütter dürften ja auch alles: arbeiten gehen, Geld ausgeben und Entscheidungen treffen. Wieso also auflehnen? Mit den Errungenschaften der Elterngeneration im Rücken scheinen diese Probleme hinfällig geworden zu sein. »Wieso? Wir sind doch längst gleichberechtigt«, sagen die heute Dreizehn- bis Zwanzigjährigen. Eine gute Ausgangssituation, um sich selbst als »bitch« zu bezeichnen. Oder wahlweise wieder ein bisschen mit seiner Mädchenhaftigkeit zu kokettieren. Ein weiterer Trend, der längst sein Maskottchen gefunden hat – eine kleine japanische Katze: Hello Kitty. Viele jungen Frauen kaufen den gesamten Ausstand mit süßem Kitty-Logo: Waffeleisen, Bügeleisen, Staubsauger. So wird die erste eigene Wohnung zur Anstalt für bessere Mädchen. Das ist ihre Emanzipation vom Feminismus, wie sie ihn sehen.

Sie fühlen sich sicher. In der Parallelwelt Gymnasium wurden sie nie benachteiligt. Im Gegenteil: »Unsere Noten waren immer gut, oft sogar besser als die der Jungs«, sagt Jana. Klar habe sie sich mal geärgert, wenn Jungs bei der Präsentation der

Gruppenarbeit so getan haben, als wären die Ergebnisse allein von ihnen recherchiert worden. Solange sich das aber nicht negativ auf ihre Noten ausgewirkt habe, sei es ihr egal gewesen. Und das habe es nie. Irgendwie hätten die Lehrer immer mitbekommen, wer die eigentliche Arbeit gemacht habe, und die Mädchen seien dabei nie schlecht weggekommen. »Ich weiß ja, dass ich es kann, und habe ja auch meine Note«, sagte Nanette nüchtern. Einen Grund, sich aufzuregen, gab es nie. An die Sache mit der Gleichberechtigung haben sie alle ein Häkchen gemacht. Läuft.

Hätte ihnen damals jemand gesagt, dass das nicht immer so weitergehen würde, dass sie außerhalb ihrer heilen Welt nicht immer danach bewertet werden, was sie können, sondern nach dem Geschlecht, dem sie angehören, hätte ihnen jemand gesagt, dass sie es schwerer haben könnten, einen Führungsposten zu erreichen, als ihre ehemaligen Mitschüler Tim, Jan oder Tobi – sie hätten gelacht. Unmöglich. Die drei und auch die meisten anderen Jungs, die sie kennen, steckten sie doch locker in die Tasche. Fachlich. Das vielleicht. Aber hätte man ihnen gesagt, dass es darauf vielleicht irgendwann nicht mehr ankäme, sie hätten es nicht geglaubt. Das sei doch Alice-Schwarzer-Propaganda, sonst nichts, hätten sie entgegnet. Von dem neuen Feminismus haben sie gehört, aber beschäftigt haben sie sich damit nicht. Sie persönlich hätten keine Probleme mit Gleichberechtigung. Wieso sollten sie sich dann einer Bewegung von Alphamädchen oder neuen deutschen Mädchen anschließen?

Jetzt, nur einige Monate nachdem sie die heile Welt Gymnasium verlassen haben, denken sie anders. Zumindest ein bisschen. Für den Feminismus für Fortgeschrittene, der das generische Maskulinum im Visier hat oder frauenverachtende Pornografie bekämpft, gegen den Paragrafen 218 protestiert oder das Ehegattensplitting verurteilt, sind sie noch nicht zu haben. Aber die ersten eigenen Erfahrungen außerhalb der Schule regen zum Nachdenken an. Jana fällt auf, wie die wenigen männlichen Kommilitonen im Germanistikseminar von den weiblichen Dozenten bevorzugt werden. Ständig kommen sie dran, immer wieder werden ihre Beiträge aufgegriffen, obwohl sie inhaltlich kaum weiterführen, und ein verzücktes Lächeln können sich die Lehrenden auch nie verkneifen angesichts der Wortbeiträge dieser strammen Burschen, so scheint es ihr. Das allein wäre ja noch egal, aber als der Hiwijob in Mediävistik an den einzigen männlichen von sechs Bewerbern vergeben wird, da fängt es an, Jana auf die Nerven zu gehen. In München ähnliche Vorfälle: Alexa wird von ihrem Dozenten in Statistik nach einem ersten verpatzten Test angewiesen, sich von ihrer neuen Freundin wegzusetzen, damit sie mehr vom Unterricht mitkriege. »Ihr Frauen braucht offenbar eine starke Hand«, habe er gesagt. Und Sophia kann sich von ihrem Freund Tim anhören, wie offen und unzickig die Sportstudentinnen so drauf seien – im Gegensatz zu ihr. Offen hier im Sinne von leicht bekleidet. Und unzickig im Sinne von zugänglich. Auch Dani beschäftigt sich, seit sie mit Jan zusammenwohnt, gezwungenermaßen mit Rollenbildern. Die großen Aufgaben, die im Haushalt anstehen, haben sie verteilt: Jan staubsaugt das Wohnzimmer, Dani putzt die Küche, er kauft ein, sie kocht, er macht die Wäsche, sie putzt das Bad. Aber all die kleinen Aufgaben haben sie nicht extra in ihren Plan aufgenommen: so was wie Teller nach dem Essen in die Spülmaschine räumen, Tisch feucht abwischen, die Krümel von den Stühlen aufnehmen – das macht derjenige, der gerade dran denkt, haben sie locker vereinbart. Und das ist immer Dani.

An diesem Abend ist der Laden in Berlin voll, es dröhnt, aber Rike und Edith sind noch nicht so betrunken, dass die Lautstärke sie anstrengen würde. Es ist genau richtig hier. Sie sind genau richtig hier. Ein Gefühl zum Zeitanhalten. Rike holt noch zwei Beck's am Tapeziertisch, der provisorischen Theke. Dahinter steht einer dieser unfertigen Berliner Männer, die sich noch nicht entschieden haben, ob sie Super-Daddy werden wollen oder doch lieber skrupelloser Manager. Er reicht Rike die Bier rüber und grinst sie an. »Hey, ich bin Fred«, sagt er. Rike neigt den Kopf, lächelt und dreht sich dann doch weg und geht. Zurück bei Edith auf der Tanzfläche teilt sie ihr die aktuelle Zahl mit. »Vier«, schreit sie gegen die Bässe an. Vier mögliche Affären, heißt das. Vier Männer, die Interesse bekundet haben und mit denen man was anfangen könnte. Edith nickt nur. Sie hat bisher nur zwei Typen dazu gekriegt, sie anzusprechen. Und darum geht's bei dem Spiel. Rike hat es zwar merkwürdig gefunden, da einen Wettbewerb draus zu machen, aber Verehrer gezählt hat sie sonst auch immer. Nur halt leise für sich.

Sie tanzen weiter, das Beck's in einer, die Kippe in der anderen Hand. Und die Augen immer bereit, einen Flirt zu erkennen und zu erwidern. Zumindest so lange, bis der Typ sich traut, auf sie zuzukommen und sie anzuquatschen. Mehr wollen sie gar nicht. Rike hat schon wieder einen an der Angel. Ein schmaler Typ mit Basecap und Adidas-Shirt schaut zu ihr rüber. Höchste Zeit für Edith, jetzt mal nachzulegen. »Ein Typ mit Freundin zählt für zwei, o. k.?«, sagt sie. »Was?«, schreit Rike zur Freundin rüber, aber Edith zieht sie schon an den Rand der Tanzfläche. Ein Paar steht an einem runden Stehtisch zusammen, beide schauen in verschiedene Richtungen, sie sieht sauer aus, er hilflos. »Das perfekte Opfer«, konstatiert Edith. Ob sie nun die Frau oder den Mann meint, weiß Rike nicht mit Sicherheit. Die Runde beginnt. Aufreizend beginnt Edith vor dem Pärchen zu tanzen, zieht Rike zu sich heran und schlängelt sich um deren Körper, Mund und Schenkel gleichermaßen leicht geöffnet. Im Nachhinein wird sich Rike schämen, dass sie Edith nicht davon abgebracht hat. Aber irgendwie habe sie auch interessiert, ob Typen wirklich trotz anwesender Freundin mit einer anderen flirten würden, wird sie am nächsten Tag Nanette und Jana erklären. Sie würden, zumindest dieses Exemplar. Nach zweieinhalb Songs intensivster Anmache wird der Typ zappelig, schaut zu Edith, dann zu seiner Begleiterin und dann wieder zu Edith. Höchste Zeit für den letzten Trumpf: die geile Lesbennummer. Edith zieht Rike zu sich heran und beginnt sie sanft im Gesicht zu küssen, dann auf den Mund. Dem Zungenkuss entzieht sich Rike. »Ey, jetzt reicht's mal, komm, lass uns gehen«, sagt sie. Zu spät. Der Typ verlässt seinen Platz am runden Tisch und kommt zu Edith, er beugt sich runter zu ihrem Ohr und sagt irgendwas. Rike kann nichts verstehen, sieht nur, wie seine Begleiterin mit gesenktem Kopf aus dem Club läuft. Nach ein paar Minuten ist Edith wieder frei. »Hab den Kerl wieder zu seiner Tussi geschickt, der dachte, es läuft was heute Nacht«, lacht sie verächtlich. Dann sagt sie nur noch: »Gleichstand. Noch ein Bier?«

Als Rike am nächsten Tag ihren Freundinnen davon erzählt, ist ihr alles plötzlich total peinlich. Von ihrem gemeinsamen Spiel, »dem lustigen Verehrer-Zählen«, hatte sie den beiden wohlweislich vorher nie berichtet. Dass Jana das affig finden würde, war ihr klar. »Na ja, besonders emanzipiert finde ich das ehrlich gesagt nicht, wenn man Jungs anmacht, um sie dann wieder stehen zu lassen«, sagt Jana. Sie habe sowieso eher den Eindruck, Edith sei eine bitch im ganz herkömmlichen Sinne.

Emanzipation müsse doch mehr beinhalten, als sich asozial zu benehmen, findet sie. Nanette gibt zu, auch manchmal einen Typen ein bisschen länger anzuschauen, obwohl sie nichts von ihm wolle – nur damit er rüberkomme und ihr ein Bier ausgebe. »Aber die Sache mit dem Typ und seiner Freundin ist richtig schäbig, Rike«, ermahnt sie. Und dieses ganze Fickerei-Gequatsche finde sie auch irgendwie blöd. »Nur weil man rumposaunt, wem man zuletzt einen geblasen hat, ist man doch nicht emanzipiert«, sagt Nanette. Und dann: »Mag ja sein, dass es ungerecht ist, dass Frauen gleich eine Schlampe sind, wenn sie sich ausleben, aber so rumzuprovozieren ist auch kindisch.« Für Jana ist die Sache klar: »Wer anderen Mädels die Jungs ausspannt, der ist wirklich 'ne Schlampe.« Rike verteidigt: »Das ist aber jetzt auch scheiße, der Typ ist doch schuld, er hätte ja nicht drauf anspringen müssen.« Jana sieht das anders. Sie findet, Edith hätte es nicht drauf anlegen dürfen, sie habe wissentlich eine andere Frau fertiggemacht, das sei unsolidarisch. Rike findet, dass es ein Armutszeugnis für die Frauen sei, wenn man anfing so zu argumentieren. »Sie hätte sich ja wehren können, statt rumzuflennen«, sagt sie. Als die drei nach knapp drei Stunden wieder auflegen, glühen ihnen die Ohren – und der Kopf. Welches Verhalten feministisch ist und welches nicht, darüber sind sich die drei weiterhin uneinig. Und ob sie den Feminismus als Bewegung noch brauchen, das beantworten sie auch nicht einstimmig. Aber dass sie an dem Thema als Frauen nicht vorbeikommen, das ist jetzt klar.

17 Freunde fürs Leben

Weihnachten zu Hause

Ich liebe meine Familie über alles

24 668 Mitglieder

Die Pumps liegen auf der Rückbank, zum Fahren trägt Alexa lieber Turnschuhe. Sie wippt mit dem Kopf zu Lady Gaga. Wenn die Musik schneller wird, drückt sie aufs Gaspedal und zieht den Mini ruckartig auf die linke Fahrbahn. Sophia kreischt. »Ey, fahr mal normal«, brüllt sie. Ihr Autofenster ist einen Spaltbreit offen, damit der Qualm der Zigaretten abziehen kann, es wird kühl, der Fahrtwind wirbelt durch den Innenraum und sucht einen Ausgang. Alexa macht die Musik noch lauter. Noch 134 Kilometer bis Köln. Alexa ist seit Semesterstart in München nur einmal zu Hause gewesen, keine Zeit. Jetzt freut sie sich riesig auf ihre Mutter und gibt Gas.

Auch die anderen kommen zu Weihnachten nach Hause. Rike wird von ihrem Vater in Berlin abgeholt, Michael ist inzwischen in Bonn auf der Hardthöhe stationiert und hat es nicht weit. Im studiVZ haben sie schon eine Gruppe mit dem Namen »Wer kommt wann an?« gegründet, um zu koordinieren, an welchen Abenden wer beim Feiern dabei sein würde. Alexa hat sich für jede vorgeschlagene Aktivität gemeldet, am 23. abends ins Omega, am 24. in die Werkstatt und an einem der Weihnachtsfeiertage vielleicht zusammen Kaffee trinken bei Jan und Dani in der neuen Wohnung. Nur Richard hat den Freunden abgesagt: »Fliege dieses Weihnachten zu meinem Vater. Aber bin dann Anfang Januar ein paar Tage in Köln bei Mama. Dann mal wieder Bier trinken? Würd mich freuen, euch alle wiederzusehen.« Darauf freuen sie sich alle. Das wird sicher spannend, zu hören, was sie machen, wie es ihnen geht, und gucken, ob sie sich schon verändert haben. Dass sie selbst sich verändert haben, da sind sie alle sicher. Dass nur ein paar Monate vergangen sind, seit sie weggezogen sind, studieren oder arbeiten – das ist kaum zu fassen.

So viel Entwicklung in so kurzer Zeit. Manchen Freundschaften merkt man das an. Auch ihrer – finden Alexa und Sophia. Vorsichtig wagen sie in Anwesenheit der jeweils anderen eine Analyse. »Na ja«, beginnt Alexa, sie sei ja nicht in Köln und könne das ja auch nicht hundertprozentig wissen, aber sie habe den Eindruck, Sophia sei unterfordert mit ihrem Job in dieser – zweifellos coolen – Boutique auf der Ehrenstraße und habe sich sehr auf Tim gestürzt und habe auch deswegen kein Studium angefangen, um bei ihm zu sein, aber Tim sei kein Typ zum Festklammern, und deswegen habe er ja vielleicht auch Schluss gemacht. »Oder?«, fragt sie dann gleich die Freundin. Und sie selbst sei in einer anderen Phase, ständig beschäftigt mit der neuen Stadt, den neuen Bekanntschaften und der Uni, und könne sich da deswegen nicht so reinfühlen.

Die Freundin ist ihr ein bisschen fremd geworden, das hat sie während der gemeinsamen Tage in München gemerkt. Aber auch das Entsetzen darüber hört man zwischen den Zeilen heraus. Wie konnte das passieren? Vor einem halben Jahr waren sie sich noch so ähnlich. Jetzt setzt Sophia an, sichtlich bemüht, oberflächlich zu bleiben in ihren Anmerkungen: »Ja, die Alexa macht was ganz anderes als ich, sie findet Beziehungen nicht so wichtig und will lieber andere Sachen erreichen, und bei mir ist das eben anders«, sagt Sophia. Und später, als Alexa weg ist, erzählt sie noch, dass die Freundin während ihres Besuchs immer versucht habe, ihr zu demonstrieren, dass sie ihre Freiheit niemals für einen Typen aufgeben würde. »Ich bin nicht wegen Tim nicht weggegangen, ich bin mir nicht sicher, was ich machen will«, klärt sie nochmal, mehr für sich selbst als für irgendjemand anders. Und mit Tim sei Schluss, weil der ein unreifes Kind sei, und nicht, weil sie geklammert habe. Außer dass sie wieder Single ist, hat sich bei Sophia nicht viel geändert. Sie wohnt noch zu Hause, geht dreimal die Woche arbeiten, und ansonsten macht sie das, was sie seit dem Abi tut: im Park liegen, Kaffee trinken gehen, abends feiern, ausschlafen. Genauso wie Nanette. Dass die beiden jetzt hin und wieder miteinander rumhängen, haben die anderen aus der ehemaligen Stufe mit Erstaunen beobachtet. Schließlich konnte man sie während der Schulzeit nicht unbedingt als Freundinnen bezeichnen. »Die treffen sich doch nur, weil sie die Einzigen sind, die nichts machen. Sie fühlen sich besser, wenn sie untereinander bleiben. Wir führen ihnen ja vor, dass sie nicht normal sind«, hat Rike ihre Freundin Jana beruhigt, die ein bisschen eifersüchtig war angesichts der neuen Konstellation. Sie ist schließlich auch in Köln, hat auch neben der Uni Zeit, um ein bisschen feiern zu gehen. Aber schon zweimal hat sie erst im Nachhinein erfahren, dass die Freundin ausgegangen ist und sie nicht gefragt hat.

Aber auch andere Freundschaften haben sich verändert. Max und Jan, die früher ständig zusammengehockt haben, sehen sich jetzt seltener. Max arbeitet sechs Tage die Woche, und Jan macht Zivi in einem Krankenhaus, ist dort aber eher unterbeschäftigt. Sie alle treffen in diesen Tagen auf Freunde, die anders geworden sind oder die sie zumindest anders gesehen haben. Michael unterhält sich mit Tim und merkt, dass der immer noch so unverbindlich redet wie früher, und irgendwie enttäuscht ihn das. Seiner Mutter wird er ein paar Tage später erzählen, dass er viele seiner früheren Kumpels inzwischen für sehr oberflächlich hält. Und die wird nicken, weil sie das schon immer fand.

Neue Wesen

Aber eine Beziehung hatte sich verbessert, und das bei allen, ausnahmslos; die zu den Eltern. Vor allem bei denen, die ausgezogen sind, hat sich eine andere Gesprächsbasis entwickelt. Das ist typisch. Laut Shell-Studie bezeichnet fast die Hälfte der Ausgezogenen das Verhältnis zu den Eltern als »sehr gut«. Die haben sich irgendwie gewandelt, seit man das Kinderzimmer geräumt hat und mit dem Sprinter in ein eigenes Leben aufgebrochen ist. Sie sind lockerer, entspannter, schauen weniger skeptisch, dieser prüfende Blick ist sogar komplett verschwunden. Nicht mehr hinter jedem Satz lauert eine versteckte Aufforderung. Auch der Ton hat sich geändert. Plötzlich. Es scheint, als hätte man alle werdenden Eltern auf dem Weg in den Kreißsaal abgefangen und ihnen eingeimpft: »Ihr müsst bis zum Schulabschluss durchhalten mit euren Erziehungsmethoden. Danach könnt ihr von euren Kindern ablassen.« Danach wäre alles geschafft, dann liefe das von selber. So zumindest benehmen sich die ganzen Eltern plötzlich, nun wo sie ihre Kinder sicher durchs Abitur gebracht und ins Leben entlassen haben. Während sie vorher noch hin und wieder mal Einwände geäußert oder zumindest Vorschläge in Sachen Lebensgestaltung gemacht haben, hört man inzwischen kaum noch ein erzieherisches Wort von ihnen. Aufrichtigkeit statt pädagogischer Taktik.

»Jetzt kann ich ja ganz offen sein« – der neue Lieblingssatz von Alexas Mutter, die eh schon immer eine der lockeren Mütter gewesen ist. Was dann kommt, ist manchmal öde, manchmal überraschend und manchmal witzig, aber nie mütterlich. Während dem letzten Telefonat hatte ihre Mutter sogar unvermittelt angefangen, von einem neuen Partner zu sprechen. Ob das für Alexa denn in Ordnung sei? Ob sie Lust habe, den neuen Freund der Mutter mal kennenzulernen, wenn sie über Weihnachten komme? Alexa hüstelte kurz, um Zeit zu schinden und dann unsicher zu antworten: »Ja, o.k., Mama, wenn es sein muss.« Aber das musste es nicht. »Das entscheidest du allein«, hatte ihre Mutter entgegnet und dann ein neues Gesprächsthema angeregt.

Nicht nur Alexa, auch die anderen wurden zu Hause von neuen Wesen begrüßt. Während der Abiphase haben sie alle Druck gemacht, zum Lernen ermahnt und manche sogar Mitschriften gesichtet und überprüft, damit sich das Kind nichts Falsches einprägt. Und nachdem das geschafft war, haben sie hin und wieder angefangen zu meckern, weil der Sprössling plötzlich gar nichts mehr tat. Mittags aufstand, in den Park schlurfte und manchmal erst mitten in der Nacht wiederkam. Aber jetzt kommen plötzlich richtige, fertige Menschen zu Besuch. Eine Szene erleben sie in diesen Tagen alle: Die ganze Familie sitzt am Tisch, sie stoßen an, und eines der Elternteile kann es sich nicht verkneifen, einen Toast auf das Kind auszubringen, aus dem nun doch noch so richtig was geworden ist.

Die Kinder genießen es. Es ist mehr so, als sei man zu Gast bei Freunden. Abends sitzt man zusammen, redet bis in die Nacht, trinkt Rotwein und bekommt auf einmal ganz andere Antworten. Jana erfährt plötzlich, dass ihre Mutter beim ersten Heiratsantrag noch »Nein« gesagt hat und dass ihre Eltern mal kurz getrennt waren deswegen. Auch von der Versöhnung im Waschraum während einer WG-Party bekommt sie haarklein berichtet. »Die wollten mir heute klarmachen, dass sie auch mal jung waren. Süß«, schreibt sie nachts noch an Rike, deren Vater inzwischen wieder raucht, weil Rike ja jetzt alt genug sei, es sich nicht von ihm abzugucken. Auch Michael fühlt sich zu Hause erstmals richtig ernst genommen. Mit seiner Schwester Katrin haben die Eltern über Abtreibung gestritten, über den Mindestlohn und Gewaltverherrlichung im Fernsehen. Und wenn er was sagte, haben sie früher immer nur genickt und wieder ihren Gesprächsfaden aufgenommen. Zu seinen Argumenten gab es kein Feedback. Diesmal ist das anders. Sie reden zu viert, jeder sagt was, alle hören zu. »Ich glaube, so langsam trauen sie mir was zu«, erzählt Michael und lächelt.

Eigentlich haben sie ausgemacht, sich am 24. abends noch zu treffen. So wie jedes Jahr. Nach dem Geschenkeauspacken und Essen mit den Eltern noch feiern. Alexa ist die Erste, die absagt. Um 11:45 schreibt sie in das gemeinsame Forum bei studiVZ, dass sie heute Abend doch nicht kommen werde. Es sei gerade so nett zu Hause, und auch ihre Brüder hätten sich dieses Jahr angekündigt. Dann geht es Schlag auf Schlag. Michael schreibt Tim und Frederik, dass er nicht am Start sei. Nanette schreibt Jana, auch sie habe keine Lust, ihre Eltern heute wieder sitzenzulassen. Es sei schließlich Weihnachten. Isabell und Nanette bekommen von Sophia eine Absage, und Jan und Dani winken ab; weil sie bei beiden Eltern aufkreuzen müssten, hätten sie schon einen so straffen Zeitplan. Auch Max sagt ab. Zwar ist Max damals aus seinem Elternhaus geflohen, als dort ein neuer Mann mit seinen zwei kleinen Töchtern einzog. Aber inzwischen ist ihm der Kontakt wichtig. Auch weil er anders behandelt wird. Als er zusagte, am 24. abends nicht mehr wegzugehen, sondern da zu bleiben und mit in die Messe zu gehen, nahm der neue Partner seiner Mutter ihn in den Arm, bedankte sich, und seine Stimme klang dabei ein bisschen zittrig. Der Kontakt zur Familie ist Max inzwischen wichtig. Zweiundsiebzig Prozent der Jugendlichen glauben laut der aktuellen Shell-Studie, dass man ohne Familie nicht glücklich werden kann. Dass Eltern und Geschwister die einzige Konstante sind im Leben, das merken sie, trotz ihrer vielen Hundert Freunde in den sozialen Netzwerken – oder gerade deshalb.

Wie viel sich schon allein verändert in einer Freundschaft, wenn nicht mehr die Schule automatisch einen Rahmen für sie schafft, das haben sie gerade gelernt. Rike wagt eine Diagnose: »Ich denke, so Universal-Freundschaften, wie man sie bisher in der Schulzeit hatte, gibt es nachher nicht mehr. Man sucht sich dann eher Freunde für verschiedene Lebensbereiche. Einen zum gemeinsamen Joggen, einen zum Feierngehen und einen zum Reden. So machen das doch Erwachsene.« In Zukunft werden Freunde nach Verwendungszweck gewählt, und nur die Familie ist gesetzt. Das ist die Erkenntnis der Stunde.

Auch deshalb ist ihnen das neue Verhältnis zu den Eltern viel wert. »Es ist irgendwie so, dass man auch die Fehler der Eltern jetzt sieht, dass sie auch nicht alles so geplant und auch nicht immer alles hingekriegt haben«, sagt Max. Plötzlich sind sie nicht mehr die Alleskönner mit dem alleinigen Anspruch auf das einzig Richtige, und jetzt – wo sie meinen, sie säßen Erwachsenen gegenüber – geben sie das auch zu. Dass manche

Pläne nicht aufgegangen sind, dass sie mal von einem Leben im Süden geträumt haben oder von einem anderen Job.

»Früher dachte ich immer, die wissen genau, was sie tun und wie sie mich erziehen wollen, jetzt erfahre ich mehr und mehr, dass sie auch einfach improvisiert haben«, erklärt Alexa. »Mir macht das Mut.«

18 Wiedersehen

»Auf ein Neues!«

Schmeiß die Möbel aus dem Fenster, wir brauchen Platz zum Dancen

55 281 Mitglieder

Die Orders kommen im Stakkato. »Sophia, du machst das Bad. Schminke, Parfüm und Haarspangen, alles. Jan, du machst das Wohnzimmer, nimm Vasen, alles, was kaputtgehen kann, und auch den Fernseher und die Laptops. Und denk auch noch selber nach, was wegmuss«, hallt es durch Jans und Danis erste eigene Wohnung. Es ist Isabell, die die Planung der Sicherungsverwahrung an sich gerissen hat. Auch Dani gibt sie Orders: »Geh du nochmal durch jedes Zimmer, Dani, und kümmer dich um den Kleinkram.« Sie selbst, die zusammen mit Sophia schon etwas früher gekommen ist, um der Freundin zu helfen, schaut sich im Flur um, klaubt einige Paar Schuhe von Dani zusammen und trägt sie in den abschließbaren Kleiderschrank des Pärchens. Die Zeit ist knapp. Gleich kommen die Partygäste. Dass sie den Inhalt ihrer neuen Wohnung zur Hälfte verstecken müssen, das haben Jan und Dani nicht erwartet. »Dann hätten wir die nicht alle zu uns eingeladen«, sagt Dani. Haben sie aber. Weihnachten hat es nicht geklappt mit dem großen Stufentreffen und in den Tagen danach auch nicht. »Wir wollen euch wiedersehen! Silvester feiern gegen halb neun bei uns in der Bude«, hat Jan seinen Kumpels geschrieben. Dani hatte eine E-Mail rausgeschickt mit einer selbst gestalteten Einladungskarte im Anhang. Ein Foto vom Abiball, auf dem sie alle zu sehen sind, über die Köpfe hat Dani eine Schrift eingefügt: »Stufe reloaded«, und darunter in kleinerer Schrift die Daten der Party. Natürlich war diese Einladung wieder nicht an alle rausgegangen, aber doch an einen Großteil. An die Coolen eben und an die, die man seit dem Abi dazuzählte.

Es ist kurz vor halb neun. Die Freunde verrücken noch ein paar Möbel, damit sie Platz zum Tanzen haben. Alles Wertvolle haben sie sicher verstaut – trotz anfänglicher Gegenwehr der Gastgeber. Es seien doch nur Freunde geladen, und da ginge schon nichts kaputt. Aber Sophia und Isabell protestieren. Zu gut erinnern sie sich noch an die Poolparty eines Bekannten in der Vorstadtvilla seiner Eltern. Am Ende hatten sie dem sturzbetrunkenen Gastgeber dabei helfen müssen, den Polizisten zu erklären, dass der gesamte Schmuck der Eltern gestohlen worden war. Auf den Fotos dieser Nacht hatte der Bekannte einige Tage später auf der Wache nur die Hälfte der Partygäste wiedererkannt. Woher der Rest gekommen war, bleibt unklar. Isabell schließt die Anekdote ab: »Außerdem ist es auch angenehmer für euch, dann müsst ihr nicht die ganze Zeit alles überwachen.« Dani und Jan waren überzeugt.

Es klingelt. Tobias, Besim kommen und bringen einen Freund mit, den sie alle nicht kennen. »Siehst du, es kommen immer mehr, als man eingeladen hat«, flüstert Isabell zu Dani rüber. Die nickt nur. So geht es weiter. Dennis bringt auch noch einen

Typen mit, den er beim Zivi kennengelernt hat. Tim bringt seinen Mitbewohner Phillip mit, Alexa kommt alleine. Jana und Rike kommen mit zwei Mädels, die die anderen flüchtig kennen, weil sie im selben Jahr Abi gemacht haben, aber an einer anderen Schule. Sara kommt mit einer Cousine, Max kommt mit einem älteren Kollegen, den er von seiner Arbeit aus der Küche kennt. Michael bringt Frederik mit, den er über die Monate immer wieder als netten Typen angepriesen hat, um die Vorurteile auszuräumen. Fast alle schleppen jemanden an, abgesprochen oder nicht. Um halb elf sind sie etwa vierzig Leute in der Wohnung, und es klingelt ständig wieder.

Dani, Sophia, Alexa und Isabell haben sich ins Schlafzimmer zurückgezogen, die Tür geschlossen. Mal kurz alleine quatschen, mal nicht jeden begrüßen und mit jedem Small Talk halten, einfach nur zusammen sein. Dass sie sich zu viert gesehen haben, ist bestimmt sechs Wochen her. Sie haben mal gechattet, aber irgendwie hat sich da jeder nur dargestellt und versucht, besonders cool und verändert zu wirken. Sophia und Dani haben untereinander immer mal wieder auch über Alexa gelästert. Dass sie sich so geil vorkomme, aber jetzt, wo sie sich sehen und Alexa zugibt, dass sie in München noch nicht so tolle Freunde gefunden habe wie sie und wohl auch nie finden werde, da ist das vergessen. Feierlich zieht Dani eine Flasche Prosecco unterm Bett hervor. Die hatte sie schon heute Morgen hier deponiert für den Fall, dass sie ihre Mädels wirklich mal zusammenkriegt. »Auf uns vier«, sagt Isabell und hebt die Flasche, führt sie zum Mund und kippt so schnell, dass ihr der Prosecco sprudelnd übers Kinn läuft. Sie lachen. »Kommt mal alle her«, sagt Alexa und umarmt Sophia und Dani, die neben ihr sitzen, Isabell stellt die Flasche auf den Boden und drückt alle drei an sich. »Wir hatten schon eine coole Zeit an der Schule.

Das war schon geil«, sagt Isabell. Die anderen nicken still. Sophia beendet den innigen Moment, sie rutscht mit den Beinen seitlich vom Bett, und die Formation aus jungen Frauen kracht zusammen. Alexa kippt nach hinten und Isabell auf sie drauf. Gelegenheit zum Kitzeln. Sophia steigt auch ein und kitzelt Isabells Taille, bis die sich vor lauter Lachen krümmt und mit den Beinen strampelt und Alexa schreit, weil Isabell so auf ihr rumzappelt. Sie sehen aus wie vier Kindergartenkinder, die in der Kuschelecke rumtoben. Aller Ärger ist vergessen. »Wir sind alle anders geworden, aber wir sind trotzdem Freundinnen. Nach dem Abi verändert sich einfach viel, das ist so. Muss man mit zurechtkommen. Ist halt kein Ponyhof alles«, wird Alexa später irgendjemandem erzählen, der einfach nur neben ihr auf dem Sofa ausnüchtern will.

»Hier seid ihr also alle«, sagt Michael, als er ins Zimmer tritt. Die Runde blickt auf. »Kann ich mitmachen?«, fragt Michael, als er sieht, wie die Mädchen wirr durcheinander auf dem Bett liegen und kichern. »Hau ab, du Spanner«, ruft Isabell, aber Michael setzt sich dazu. »Wisst ihr noch, wie wir auf der Abifahrt überlegt haben, wer sich zuerst outet?«, fragt er feierlich. Die jungen Frauen setzen sich auf, schauen ihn an. »Was? Wer?«, fragt Sophia. »Der Daniel«, sagt Michael trocken. »Nein. Das glaub ich nicht. Der war doch auch ein paarmal im Diamonds dabei, der hat gar nicht so getanzt, hatte der da nicht auch mal was mit 'nem Mädel?«, fragt Alexa. »Ja«, bestätigt Sophia sofort, da könne sie sich auch noch dran erinnern, weil die so offensiv rumgeleckt hätten. »Hat ihm offenbar nicht so gut gefallen«, konstatiert Michael noch und geht wieder. Die Mädels lachen.

»Wie geil, der ist schwul«, sagt Dani schließlich. Und dann noch: »Hätte er sich früher geoutet, hätten wir ihn aufnehmen und umstylen können.« Als sei der Schwule an sich die altersangemessene Version einer Anziehpuppe. Seit »Sex and the City« ist es irgendwie chic, einen schwulen Freund zu haben, mit dem man sich blicken lässt und seine Toleranz unter Beweis stellt. Die jungen Frauen finden das cool. Ein schwules Outing werten sie als Entscheidung für ihren Lebensstil. Die Männer sehen das anders. Eher so, als sei jemand übergelaufen, zum Feind, und habe das Männliche verraten oder so ähnlich. Als die Mädchen mit erhöhtem Alkoholpegel beschließen, Daniel anzurufen und ihn noch einzuladen zur Party, sind Tim, Tobi und Besim strikt dagegen. Hinterher bringe der noch mehr Schwule mit, und überhaupt, sie hätten doch vorher auch nichts mit dem zu tun gehabt, das sei doch jetzt irgendwie unnötig. Auf Schwule reagieren einige von ihnen mit Unverständnis, andere finden es irgendwie unnatürlich, die meisten aber einfach nur »anders«. Letztlich sind sie sich einig in ihrer kölschen Einstellung, die Tobi auf den Punkt bringt: »Solange die mich nicht anbaggern, ist mir das total egal.« Bei Lesben sei das natürlich anders. Die dürften ihn ruhig ansprechen, fügt er grinsend hinzu. Frau küsst Frau – die Vorstellung gefällt ihnen allen. Und seit Katy Perry den Männertraum besingt und die Knutscherei unter Frauen längst zu einem gelungenen Clubabend dazugehört, scheinen die Jungs erst recht zu denken, Lesben habe der liebe Gott bloß zu ihrem Vergnügen erschaffen. Sie kennen diese Konstellation ja auch aus dem Porno. Lesbischen Sex finde er geil, verkündet Tim ungefragt. Einige andere Jungs nicken. Lesbische Liebe? Das haben sie noch nie gesehen.

Aber es gibt noch mehr Neuigkeiten. Frederik erzählt von seiner Begegnung mit Atina. Er sei an einem Sonntagmorgen betrunken aus einer Bar gestolpert, und sie sei auf dem Weg zur Arbeit gewesen. »Und sie hat mit mir gesprochen und mich dabei auch angeguckt«, erzählt Frederik. Tim lacht. Ihre Gegenüber ordentlich anzuschauen beim Reden ist ihr immer ein bisschen schwergefallen. »Wisst ihr noch, als sie dieses Referat gehalten hat in Geschichte?«, fragt Tim und fängt schon schallend an zu lachen, bevor er die Frage ganz gestellt hat. Frederik und Michael lachen auch los. Atina hat immer auf das Blatt vor sich auf dem Pult geschaut. Dem Lehrer gefiel das gar nicht. Ob sie nicht mal versuchen wolle, weniger abzulesen, hat er sie gefragt. Darauf habe sie entgeistert geantwortet, auf dem Blatt vor ihr stehe was ganz anderes, sie lese nicht ab, sie schaue nur nicht so gerne hoch. Alle hätten gelacht. Auch der Lehrer, sogar ihre Freundin Stephanie. »Hat von der eigentlich mal jemand was gehört?«, schließt Jan an. Kopfschütteln. Keiner. Auch zu den Ausgewanderten, mit denen einige von ihnen mehr zu tun gehabt hatten als mit Stephanie, ist der Kontakt abgerissen. Die Stufenstreberin Kristina hatte gleich im Sommer ein Praktikum bei einer NGO in Indien begonnen und Jana zunächst noch mit Rundmails voller Eindrücke bombardiert. Sogar Fotos habe sie anfangs noch geschickt. Irgendwann im November habe das dann aufgehört. Und auch im studiVZ habe sie seitdem ihr Bild nicht mehr geändert, nichts Neues mehr reingestellt oder auf Pinnwandeinträge geantwortet. »Die ist abgetaucht ins reale Leben«, erklärt Jana. Die anderen lachen. Für sie undenkbar.

Das Leben von Tim in den letzten vier Monaten könnte man angesichts seiner Partybilder im Internet fast lückenlos rekonstruieren. Wo er war, wann und mit wem? Das gibt er alles preis. Auch dass Dani ein Praktikum bei einer Tierärztin macht, kann man im Internet rausfinden, ebenso wie die Info, wo Sophia jobbt und an welchen Tagen. Alexas erstes Hausarbeitsthema findet sich ebenso auf den Internetseiten ihrer Uni wie ihr aktueller Stundenplan. Fotos von Isabell hinter dem Tresen findet man auf den Seiten ihres Arbeitgebers, des Clubs am Rudolfplatz. Von Janas neuer Wohnung kann man Fotos finden, genauso von Jans Band oder Max' Arbeitsplatz in der Hotelküche. Auch Richard stellt jetzt häufig Fotos rein: von seiner Uni, der Stadt, WG-Partys und seinem neuen Rechner. Michael hat er sogar mal was von einer Freundin geschrieben. Die Mädchen lachen. Der ruhige Richard, der nur alle paar Stunden mal einen Satz rausgebracht hatte, sollte sich tatsächlich eine Frau geangelt haben? »O. k., ich sag euch, wie es gelaufen ist«, setzt Tim an, »sie hat ihn angesprochen.« Sie lachen wieder. »Ach komm«, geht Sophia dazwischen, »der war immer für einen da, wenn man ihn brauchte. Ist doch ein echt lieber Kerl. Also ich denke, der ist eine ganz gute Partie.« Tim wendet sich ab und grinst. Der Spruch ging an seine Adresse.

Es ist kurz vor zwölf. Dani sammelt in der Küche einige Sachen zusammen, die sie extra gekauft hat. Plastikbecher, vier Sektflaschen, die Raketen, die Chinaböller, die Flasche Wodka. »Jan, komm mal eben«, ruft sie gestresst. Nach fünf Minuten ist alles gepackt und auf viele Träger verteilt. Sie stolpern die Treppe hinunter. Für lange Wege auf die Hohenzollernbrücke oder die Domplatte ist es zu spät. Jetzt einfach nur noch runter vors Haus und schnell den Alkohol ausschenken zum Anstoßen. Aber auch das wird zu knapp. Während Dani die Sektflasche öffnet, zählen die anderen schon runter: »10, 9, 8, 7 ...«

Genau vor einem Jahr haben sie auch zusammengestanden und gefeiert. Aber heute ist es anders. Heute sind sie befreit. Die große Prüfung liegt hinter ihnen, dieses turbulente Jahr ist endlich rum. Es war ein volles Jahr. Mit so vielen Herausforderungen, mit so vielen Erfolgen, die ihnen einmal mehr die Gewissheit gebracht haben, dass sie alles schaffen können. Dass die Welt ihnen offensteht – trotz allem.

Die Freunde zählen weiter runter: »6, 5, 4, 3, 2, 1, nuuuuullll.« Sie grölen. Dani und Jan fallen sich gleich in die Arme. Dieses Silvester wollten sie endlich mal richtig zusammen feiern, von Anfang an. Alexa und Sophia umarmen sich auch gleich, erleichtert, dass sie eben wieder dieses Gefühl füreinander gefunden haben. Isabell kommt auch dazu. Max klopft Jan, der immer noch an Dani klebt, von hinten auf die Schulter: »Frohes Neues«, sagt er. Jan dreht sich um, die beiden umarmen sich. Sara und ihre Cousine gehen nun auch, nachdem sie sich ausgiebigst die Wangen abgeküsst haben, rüber zu Rike, Jana und Nanette. Die halten einander an den Händen, sehen sich eindringlich an und nicken dazu. Es sieht aus, als versprächen sie sich irgendwas. Auch Michael und Tim klacken ihre Bierflaschen aneinander. Dass Tim eben so positiv auf Frederik reagiert hatte, rechnet Michael ihm hoch an. Vielleicht ist er ja doch kein so oberflächlicher Kerl. Jana zieht Nanette und Rike nochmal zu sich ran, nachdem sie den Schwur beendet haben, beiden drückt sie einen Knallkuss auf die Backe. Aus Nanettes Augenwinkeln lösen sich ein paar Tränen. Rike drückt die Freundin an sich. »Ist doch alles super«, sagt sie. Michael ist zu Jana rübergekommen, drückt sie unbeholfen und prostet mit der Wodkaflasche gegen ihren Sektbecher: »Auf ein Neues.«